GW01336688

L'ESPAGNOL
dans votre poche

2000 MOTS POUR — **DANS TOUTES LES SITUATIONS** — **SE DÉBROUILLER**

Larousse

Les mini Larousse

© Larousse 2011
21, rue du Montparnasse
75283 Paris Cedex 06, France
www.larousse.fr
ISBN : 978-2-03-586219-8

Direction de la publication
Carine Girac-Marinier

Direction éditoriale
Claude Nimmo

Édition
Valérie Katzaros

Coordination
Giovanni Picci
avec l'aide précieuse de
Marie-Pierre Belleteste et **Dominique Chevalier**

Rédaction
David Tarradas

Direction artistique
Uli Meindl

Conception graphique
Sophie Rivoire

Mise en page
Jérôme Faucheux

Informatique éditoriale
Dalila Abdelkader

Fabrication
Marlène Delbeken

Toute reproduction ou représentation intégrale ou partielle, par quelque procédé que ce soit, de la nomenclature et / ou du texte contenus dans le présent ouvrage, et qui sont la propriété de l'Éditeur, est strictement interdite.

SOMMAIRE

Les expressions incontournables 4
Rappel grammatical 5

1. Se présenter 6
2. Le travail 12
3. Les études 14
4. La maison 16
5. Naviguer sur Internet 22
6. Téléphoner 23
7. Les loisirs et les sports 24
8. La météo 32
9. Explorer la nature 34
10. Les animaux 38
11. La vie quotidienne 42
12. Se déplacer en ville 44
13. Faire du shopping 48
14. S'habiller 52
15. Partir en vacances 58
16. Le corps humain 62
17. La santé 63
18. Boire et manger 64
19. Les nombres 74
20. La division du temps 76

Lexique français-espagnol 79

Les planches illustrées

La maison	20	Les animaux	40
Le bureau	21	Les couleurs	55
Les sports	28	Les vêtements et les accessoires	56
Les loisirs	29	Les tapas	70
Les arbres et les fleurs	36	Les fruits et les légumes	71

Les expressions incontournables

- ¡Hola! .... Salut !
- ¡Buenos días! .... Bonjour !
- ¡Buenas tardes! .... Bonjour ! *(l'après-midi)*
- ¡Buenas noches! .... Bonsoir ! , Bonne nuit !
- ¡Adiós! ou ¡Hasta luego! ... Au revoir.
- ¡Hasta pronto! .... À bientôt !
- Por favor. .... S'il vous/te plaît.
- Gracias. .... Merci.
- De nada. ou No hay de que. ... De rien.
- Bienvenido(a). .... Bienvenue.
- ¡De acuerdo! ou ¡Vale! ... D'accord ! , OK !
- Sí. .... Oui.
- No. .... Non.
- Sí, gracias. .... Je veux bien, merci.
- No, gracias. .... Non, merci.
- ¿Qué tal? .... (Comment) ça va ?
- Muy bien, gracias. .... Très bien, merci.
- Perdón. .... Pardon.
- ¿Cómo dice? .... Pardon ?
- Lo siento. .... Désolé(e).
- No pasa nada. .... Ce n'est pas grave.
- ¡Vamos! .... Allez, on y va !
- ¡Cuidado! .... Attention !
- ¡Socorro! ou ¡Auxilio! ... Au secours !
- Hay... .... Il y a...
- ¿Por qué? .... Pourquoi ?
- Porque... .... Parce que...
- ¿Quién? / ¿Qué? / ¿Cuál? ... Qui ? / Quoi ? / Quel(le) ?
- ¿Dónde? .... Où ?
- ¿Cuándo? .... Quand ?

Rappel grammatical

	ser	estar	haber	cantar	comer	vivir
yo	soy	estoy	he	canto	como	vivo
tú	eres	estás	has	cantas	comes	vives
él, ella, usted	es	está	ha	canta	come	vive
nosotros(as)	somos	estamos	hemos	cantamos	comemos	vivimos
vosotros(as)	sois	estáis	habéis	cantáis	coméis	vivís
ellos, ellas, ustedes	son	están	han	cantan	comen	viven

- Les formes composées des verbes se forment avec haber au temps correspondant, suivi du participe passé.
- Le participe passé des verbes réguliers se forme en remplaçant la terminaison -ar par -ado, et -er et -ir par -ido :
cantar → *cantado*, comer → *comido*, vivir → *vivido*
- Les principaux participes passés irréguliers sont :
abrir → *abierto*, decir → *dicho*, escribir → *escrito*, hacer → *hecho*, morir → *muerto*, poner → *puesto*, romper → *roto*, ver → *visto*, volver → *vuelto*

Soy francés Je suis français.

Estoy cansada
Je suis fatiguée.

No como carne
Je ne mange pas de viande.

¿Me puedes ayudar?
Tu peux m'aider ?

¿Te gusta el flamenco?
Tu aimes le flamenco ?

Tengo que irme
Je dois m'en aller.

Esta mañana me he levantado temprano
Ce matin je me suis levé tôt.

El verano que viene iremos a Perú
L'été prochain nous irons au Pérou.

1 Se présenter

- *el* **nombre** — *le* prénom
- *el* **apellido** — *le* nom de famille
- *la* **edad** — l'âge
- *la* **fecha de nacimiento** — *la* date de naissance
- *el* **lugar de nacimiento** — *le* lieu de naissance
- *el* **lugar de residencia** — *le* lieu de résidence
- *la* **dirección** — l'adresse
- *la* **altura** — *la* taille
- *el* **peso** — *le* poids
- *el* **número de teléfono** — *le* numéro de téléphone
- *el* **correo electrónico**, *el* **e-mail** — l'e-mail

El género • Le sexe
- **hombre** — homme
- **mujer** — femme
- *el* **señor**/*la* **señora** — *le* monsieur/*la* dame
- *el* **chico**/*la* **chica** — *le* garçon/*la* fille
- *el* **niño**/*la* **niña** — l'enfant
- **Sr./Sra./Srta.** — M./Mme/Mlle

El estado civil • La situation familiale
- **soltero(a)** — célibataire
- **casado(a)** — marié(e)
- **prometido(a)** — fiancé(e)
- **divorciado(a)** — divorcé(e)
- **viudo(a)** — veuf, veuve
- *el* **marido**, *el* **esposo** — *le* mari, l'époux
- *la* **mujer**, *la* **esposa** — *la* femme, l'épouse
- *el* **novio**/*la* **novia** — *le* petit ami, *la* petite amie
- *la* **pareja de hecho** — *le* couple vivant en concubinage ou pacsé

El color de los ojos • La couleur des yeux
- **tener los ojos...** avoir les yeux...
- **azules** bleus
- **verdes** verts
- **grises** gris
- **marrones** marron
- **negros** noirs

Tengo los ojos verdes

El pelo • Les cheveux
- **llevar flequillo** avoir une frange
- **llevar la raya de lado** avoir la raie sur le côté
- **llevar media melena** avoir les cheveux mi-longs
- **tener el pelo...** avoir les cheveux...
- **corto ≠ largo** courts ≠ longs
- **rubio** blonds
- **moreno** bruns
- **castaño** châtains
- **negro** noirs
- **pelirrojo** roux
- **blanco** blancs
- **rizado** bouclés, frisés
- **ondulado** ondulés
- **liso** raides
- **fino** fins
- **grueso** épais
- **ser rubio(a)** être blond(e)
- **ser calvo(a)** être chauve

Tengo el pelo moreno

Describirse • Se décrire
- **joven ≠ viejo(a)** jeune ≠ vieux, vieille
- **alto(a) ≠ bajo(a)** grand(e) ≠ petit(e) *(taille)*

1 Se présenter

- **gordo(a)** ≠ **delgado(a)** .... gros, grosse ≠ mince
- **flaco(a)** .... maigre
- **guapo(a)** ≠ **feo(a)** .... beau, belle ≠ laid(e)
- **atractivo(a)** .... séduisant(e)
- **elegante** ≠ **descuidado(a)** .... élégant(e) ≠ négligé(e)
- **moreno(a)** .... bronzé(e)
- *la* **barba** .... la barbe
- *la* **perilla** .... le bouc
- *el* **bigote** .... la moustache
- *las* **patillas** .... les pattes
- *el* **lunar** .... le grain de beauté
- *las* **pecas** .... les taches de rousseur
- *los* **hoyuelos** .... les fossettes
- *las* **gafas** .... les lunettes
- *las* **lentes de contacto,** *las* **lentillas** les lentilles de contact

Estoy...
feliz ≠ *triste* heureux(euse) ≠ triste
contento(a) ≠ *enfadado(a)* content(e) ≠ fâché(e)
relajado(a) ≠ *estresado(a)* détendu(e) ≠ stressé(e)

La manera de ser • Le caractère
- **simpático(ca)** ≠ **antipático(ca)** .. sympathique ≠ antipathique
- **divertido(a)** ≠ **aburrido(a)** .... drôle ≠ ennuyeux(euse)
- **abierto(a)** ≠ **tímido(a)** .... extraverti ≠ timide
- **majo(a)** ≠ **desagradable** .... agréable ≠ désagréable
- **charlatán(ana)** ≠ **callado(a)** .... bavard(e) ≠ discret, discrète
- **inteligente** ≠ **tonto(a)** .... intelligent(e) ≠ bête, stupide
- **ordenado(a)** ≠ **desordenado(a)** .. ordonné(e) ≠ désordonné(e)
- **generoso(a)** ≠ **egoísta** .... généreux(euse) ≠ égoïste

- educado(a) ≠ grosero(a) .... poli(e) ≠ impoli(e)
- bueno(a) ≠ travieso(a) .... sage ≠ espiègle
- trabajador(a) ≠ perezoso(a) .... travailleur(euse) ≠ paresseux(euse)
- paciente ≠ impaciente .... patient(e) ≠ impatient(e)
- encantador(a) ≠ odiosa .... charmant(e) ≠ odieux(euse)

La familia • La famille

- *el* **padre**, *el* **papá** .... le père, le papa
- *la* **madre**, *la* **mamá** ..... la mère, la maman
- *los* **padres** .... les parents
- *el* **hijo** .... le fils
- *la* **hija** .... la fille
- *los* **hijos** .... les enfants *(descendants)*
- *el* **hermano** .... le frère
- *la* **hermana** .... la sœur
- *el* **tío** .... l'oncle
- *la* **tía** .... la tante
- *los* **sobrinos** .... les neveux
- *el* **primo** .... le cousin
- *la* **prima** .... la cousine
- *el* **abuelo** .... le grand-père
- *la* **abuela** .... la grand-mère
- *los* **abuelos** .... les grands-parents
- *el* **nieto** .... le petit-fils
- *la* **nieta** .... la petite-fille
- *los* **nietos** .... les petits-enfants
- *el* **yerno** .... le beaux-fils, le gendre
- *la* **nuera** .... la belle-fille
- *los* **suegros** .... les beaux-parents

La familia

Expressions indispensables

¿Cómo te llamas? Comment t'appelles-tu ?
Me llamo Ricardo Vega Je m'appelle Ricardo Vega.
¿Cómo se escribe? Ça s'écrit comment ?
Ésta es la señora Serrano Je te présente Mme Serrano.
Encantado(a). Enchanté(e).
¿De dónde eres? Tu es originaire de quel pays ?
Soy de México. Je suis mexicain(e).
Soy francés(esa). Je suis français(e).
¿Qué idiomas hablas? Quelles langues parles-tu ?
¿Hablas italiano? Tu parles italien ?
Habla inglés con fluidez. Elle parle couramment l'anglais.
Estoy aprendiendo español. J'apprends l'espagnol.
¿Dónde vives? Où habites-tu ?
Vivo en Barcelona. J'habite à Barcelone.
Vivo en la calle Picasso n° 97. J'habite au 97 rue Picasso.
Vivo aquí desde 2008. J'habite ici depuis 2008.
¿Qué edad tienes? ou *¿Cuántos años tienes?* Quel âge as-tu ?
Tengo 20 años. J'ai vingt ans.
¿Cuándo es tu cumpleaños? C'est quand ton anniversaire ?
El 1 de marzo. Le 1er mars.
¿En qué año naciste? En quelle année es-tu né(e) ?
Nací en 1991. Je suis né(e) en 1991.
Tengo 22 años y soy estudiante. J'ai 22 ans et je suis étudiant(e).
¿Cuánto mides? Combien mesures-tu ?
Mido 1,83 metro. Je mesure 1,83 mètre.

Expressions indispensables

Soy alto(a)/bajo(a). Je suis grand(e)/petit(e).
¿Cuánto pesas? Combien pèses-tu ?
Peso 70 quilos. Je pèse 70 kilos.
Soy gordo(a)/delgado(a). Je suis gros(grosse)/mince.
Tengo la tez mate/clara. J'ai le teint mat/clair.
Tengo el pelo largo y rubio. Je suis blonde et j'ai les cheveux longs.
Soy calvo. Je suis chauve.
Tengo los ojos azules. J'ai les yeux bleus.
Llevo gafas. Je porte des lunettes.
Llevo lentillas desde hace cinco años. Je porte des lentilles (de contact) depuis cinq ans.
Estoy casado y tengo tres hijos. Je suis marié et j'ai trois enfants.
Vivo en pareja, pero no estamos casados. Je vis en couple, mais nous ne sommes pas mariés.
Mi mujer es profesora. Ma femme est professeur.
Mi hijo tiene 4 años. Mon fils a 4 ans.
¿Tienes hermanos? As-tu des frères et sœurs ?
Soy hijo único/hija única. Je suis fils/fille unique.
Soy el/la mayor. Je suis l'aîné(e).
Soy el pequeño/la pequeña. Je suis le cadet/la cadette.
Mi hermano mayor/pequeño tiene 17 años. Mon grand/petit frère a 17 ans.
Mi hermana mayor vive en Niza. Ma sœur aînée habite à Nice.
Tengo familia en Perú. J'ai de la famille au Pérou.
He vivido dos años en China. J'ai vécu deux ans en Chine.
Es mi mejor amigo(a). C'est mon meilleur ami/ma meilleure amie.

2 Le travail

- **trabajar** — travailler
- **estar en paro** — être au chômage
- **buscar un empleo** — chercher un emploi
- **contratar/despedir** — recruter/licencier
- **ganar** — gagner, toucher
- **jubilarse** — prendre sa retraite

Las profesiones • Les métiers

- *el (la)* **abogado(a)** — l'avocat(e)
- *el (la)* **profesor(a)** — le (la) professeur(e)
- *el (la)* **periodista** — le (la) journaliste
- *el (la)* **médico(a)**, *el (la)* **doctor(a)** — le (la) médecin
- *el (la)* **dentista** — le (la) dentiste
- *el (la)* **ingeniero(a)** — l'ingénieur(e)
- *el (la)* **arquitecto(a)** — l'architecte
- *el (la)* **informático(a)** — l'infomaticien(enne)
- *el* **hombre**/*la* **mujer de negocios** — l'homme/la femme d'affaires
- *el* **actor**, *la* **actriz** — l'acteur, l'actrice
- *el (la)* **enfermero(a)** — l'infirmier(ère)
- *el (la)* **secretario(a)** — le (la) secrétaire
- *el (la)* **cocinero(a)** — le (la) cuisinier(ère)
- *el (la)* **camarero(a)** — le (la) serveur(euse)
- *el (la)* **peluquero(a)** — le (la) coiffeur(euse)
- *el (la)* **mecánico(a)** — le (la) garagiste
- *el (la)* **fontanero(a)** — le plombier
- *el (la)* **cartero(a)** — le (la) facteur(trice)
- *el (la)* **taxista** — le chauffeur de taxi
- *el (la)* **policía** — le (la) policier(ère)
- *el (la)* **bombero(a)** — le pompier
- *el (la)* **obrero(a)** — l'ouvrier(ère)
- *el (la)* **agricultor(a)** — l'agriculteur(trice)

El mundo laboral • Le monde du travail

- *la* **empresa** .... l'entreprise
- *el (la)* **empresario(a)** .... l'employeur, l'entrepreneur(euse)
- *el (la)* **empleado(a)** .... l'employé(e)
- *la* **dirección** .... la direction
- *el* **personal,** *la* **plantilla** .... le personnel
- *el* **puesto** .... le poste
- *el (la)* **jefe(a)** .... le (la) chef
- *el (la)* **compañero(a) de trabajo** ... le (la) collègue
- *la* **reunión** .... la réunion
- *el* **salario,** *el* **sueldo** .... le salaire
- *la* **formación** .... la formation
- *los* **títulos** .... les diplômes
- *la* **experiencia** .... l'expérience
- *la* **entrevista** .... l'entretien professionnel

¿De qué trabajas? Que fais-tu ?, Tu travailles dans quel domaine ?

Soy directora de recursos humanos en una empresa de informática. Je suis directrice des ressources humaines dans une entreprise d'informatique.

Trabajo para una gran compañía internacional. Je travaille pour une grande entreprise internationale.

Me he tomado un día de permiso (de trabajo). J'ai pris un jour de congé.

Está de baja por maternidad/de baja por enfermedad/en viaje de negocios. Elle est en congé de maternité/congé de maladie/voyage d'affaires.

Lo han despedido. Il a été licencié.

Tengo una reunión a las tres. J'ai une réunion à 15 heures.

3 Les études

- **estudiar** — faire des études de, travailler (matière)
- **hacer los deberes** — faire ses devoirs
- **examinarse** — passer un examen
- **aprobar ≠ suspender un examen** — réussir ≠ rater son examen
- **repetir (curso)** — redoubler (une classe)

Los niveles educativos • Le système éducatif
- *el* **parvulario** — l'(école) maternelle
- *la* **escuela**, *el* **colegio** — l'école
- *la* **escuela primaria/secundaria** — l'école primaire/secondaire
- *el* **instituto** — le lycée
- *el* **centro de formación técnica** — le centre de formation technique
- *el* **instituto profesional** — le lycée professionnel
- *la* **universidad** — l'université
- *la* **facultad** — la faculté

Los establecimientos escolares • Les établissements scolaires
- *la* **escuela pública** — l'école publique
- *la* **escuela privada** — l'école privée
- *la* **escuela concertada** — établissement privé recevant des subventions de l'État
- *el* **internado** — l'internat

Los títulos • Les diplômes
- *el* **Graduado en Educación Secundaria Obligatoria**
  diplôme de fin de premier cycle de l'enseignement secondaire
- *el* **bachillerato** — équivalent du baccalauréat
- *la* **licenciatura** — équivalent de la licence
- *el* **máster** — le master
- *el* **doctorado** — el doctorat

Expressions indispensables

Los alumnos están en el aula. Les élèves sont en classe.
El profesor explica la lección a los estudiantes. Le professeur explique le cours aux étudiants.
Mi asignatura favorita es la física. Ma matière préférée c'est la physique.
Me gusta jugar al fútbol durante el recreo. J'aime bien jouer au foot pendant la récré.
He encontrado difícil el tema de la redacción. J'ai trouvé le sujet de la rédaction difficile.
He hecho una presentación de Cervantes. J'ai fait un exposé sur Cervantès.
¡Mucha suerte en el examen! Bonne chance pour ton examen !
Ha suspendido el examen de historia ou ***Le han suspendido en el examen de historia.*** Il a été recalé à son examen d'histoire.
Tengo que repasar para la prueba de mañana. Je dois réviser pour le contrôle de demain.
Estoy un poco pez en mates. Je rame un peu en maths.
Después del bachillerato me tomé un año y viajé por América del Sur. Après le bac, j'ai pris une année pour voyager en Amérique du Sud.
Está prohibido hacer novatadas. Le bizutage est interdit.
Está en la facultad de derecho. Il est en fac de droit.
Tengo que elegir el tema de mi tesina. Je dois choisir le sujet de mon mémoire.
Me gustaría especializarme en económicas. J'aimerais me spécialiser en économie.
Tiene un doctorado en historia del arte. Elle a un doctorat d'histoire de l'art.
¿Qué proyectos tienes para el futuro? Quels sont tes projets pour l'avenir ?

4 La maison

- *la* casa (unifamiliar) .... la maison (individuelle)
- *el* chalé .... le pavillon
- *el* piso `Esp`, *el* departamento `Amér` .. l'appartement
- *el* ático .... l'appartement en attique
- *el (la)* compañero(a) de piso ..... le (la) colocataire
- *el (la)* vecino(a) .... le (la) voisin(e)
- se alquila .... à louer
- se vende .... à vendre

Las partes de la casa • *Les différentes parties de la maison*

- *el* piso .... l'étage
- *la* planta baja .... le rez-de-chaussée
- *el* ascensor `Esp`, *el* elevador `Amér` .. l'ascenseur
- *la* habitación, *el* cuarto .... la pièce
- *la* pared .... le mur
- *el* suelo .... le sol
- *el* techo .... le plafond
- *el* tejado .... le toit
- *la* escalera .... l'escalier
- arriba/abajo .... en haut/en bas
- *el* mueble .... le meuble
- *la* calefacción .... le chauffage
- *la* puerta .... la porte
- *la* llave .... la clé
- *la* ventana .... la fenêtre
- *el* balcón .... el balcon
- *el* jardín .... le jardin
- *el* patio .... la cour
- *el* garaje .... le garage
- *el* desván .... le grenier
- *el* sótano .... la cave

El enchufe

El interruptor

La cocina y el comedor • La cuisine et la salle à manger

- *la* **mesa** .... la table
- *la* **silla** .... la chaise
- *el* **fregadero** .... l'évier
- *el* **grifo** .... le robinet
- *la* **placa eléctrica** .... la plaque de cuisson
- *el* **horno** .... le four
- *la* **nevera** .... le réfrigérateur
- *el* **lavavajillas**, *el* **lavaplatos** .. le lave-vaisselle
- *la* **lavadora** .... le lave-linge
- *el* **armario (de cocina)** .. le placard
- *el* **hervidor** .... la bouilloire
- *la* **tostadora** .... le grille-pain
- *la* **cacerola**, *la* **cazuela** ..... la casserole
- *la* **sartén** .... la poêle
- *el* **trapo (de cocina)** .... le torchon
- *la* **servilleta** .... la serviette
- *la* **vajilla** .... la vaisselle
- *el* **plato** .... l'assiette
- *el* **tazón**, *el* **bol** .... le bol
- *los* **cubiertos** .... les couverts
- *el* **cuchillo** .... le couteau
- *el* **tenedor** .... la fourchette
- *la* **cuchara** .... la cuillère
- *la* **cucharilla** .... la petite cuillère
- *el* **vaso** .... le verre
- *la* **taza** .... la tasse
- *el* **platillo** .... la soucoupe
- *la* **botella** .... la bouteille
- *el* **sacacorchos** .... le tire-bouchon

Las tazas

Los cubiertos

Los platos

La maison

- **el abrelatas** .... l'ouvre-boîte
- **el papel de cocina** .... le Sopalin, l'essuie-tout
- **el papel de aluminio** ...... le papier alu
- **el escobero** .... le placard à balais
- **la fregona** .... le balai-serpillière
- **la escoba** .... le balai
- **el aspirador** .... l'aspirateur
- **la bayeta** .... la serpillière
- **el estropajo metálico** ..... l'éponge métallique
- **el (líquido) lavavajillas** .... le liquide vaisselle
- **fregar** ou **lavar los platos** .. faire la vaisselle

Las toallas

El cuarto de baño • La salle de bains

- **la ducha** .... la douche
- **la bañera** .... la baignoire
- **el lavabo** .... le lavabo
- **el espejo** .... le miroir
- **las baldosas** .... le carrelage (sur le sol)
- **los azulejos** .... le carrelage (sur le mur)
- **la alfombra** .... le tapis de bain
- **la toalla** .... la serviette
- **el jabón** .... el savon
- **el gel de ducha** .... le gel douche
- **el champú** .... le shampooing
- **el cepillo de dientes** ..... la brosse à dents
- **la pasta de dientes**, **el dentífrico** .. le dentifrice
- **el peine** .... le peigne
- **el cepillo para el pelo** .... la brosse à cheveux
- **el secador (de pelo)** .... le sèche-cheveux
- **el váter** .... le W-C
- **el papel higiénico** .... le papier hygiénique

El jabón

El peine

El salón • Le salon
- *el* **sofá** . . . . *le* canapé
- *el* **sillón**, *la* **butaca** . . . . *le* fauteuil
- *el* **cojín** . . . . *le* coussin
- *la* **mesita de centro** . . . . *la* table basse
- *el* **aparador** . . . . *le* buffet
- *la* **lámpara** . . . . *la* lampe
- *las* **cortinas** . . . . *les* rideaux
- *la* **moqueta** . . . . *la* moquette
- *el* **parqué** . . . . *le* parquet
- *el* **equipo de alta fidelidad** . *la* chaîne hi-fi
- *la* **televisión**, *el* **televisor** . . . *la* télé

La butaca

El dormitorio • La chambre
- *la* **cama** . . . . *le* lit
- *la* **manta** . . . . *la* couverture
- *la* **funda nórdica**, *el* **plumón** . . *la* couette
- *la* **almohada** . . . . *l'*oreiller
- *el* **armario** . . . . *l'*armoire
- *el* **armario empotrado** . . . . . *le* placard
- *la* **estantería** . . . . *l'*étagère
- *la* **cómoda** . . . . *la* commode
- *el* **cajón** . . . . *le* tiroir
- *la* **mesita de noche** . . . . *la* table de chevet
- *la* **persiana** . . . . *le* store
- *el* **radiador** . . . . *le* radiateur

La cama

El despacho • Le bureau
- *el* **despacho**, *el* **escritorio** . . . . *le* bureau
- *la* **lámpara de despacho** . . . . *la* lampe de bureau
- *la* **biblioteca** . . . . *la* bibliothèque

La maison

el dormitorio

el comedor

el cuarto de baño

la cocina

la entrada

el salón

Le bureau

- la pantalla
- la lámpara de despacho
- los post-its
- los clips
- la regla
- el bolígrafo
- el ratón
- el teclado
- las gomas
- el cuaderno
- los lápices
- la calculadora
- el libro
- el compás
- la grapadora
- los rotuladores
- las tijeras
- el marcapáginas
- la agenda
- el celo
- el pegamento
- los clasificadores
- el móvil
- los periodicos
- el reloj
- las gafas

5 Naviguer sur Internet

- *el* **ordenador** Esp . . . . l'ordinateur
- *la* **computadora** Amér . . . . l'ordinateur
- *el* **portátil** . . . . le portable
- **conectarse a internet** . . . . se connecter à Internet
- **conectarse/desconectarse** . . . . se connecter/se déconnecter
- **arroba** . . . . arobase (@)
- **en línea** . . . . en ligne
- *el* **identificador** . . . . l'identifiant
- *la* **contraseña** . . . . le mot de passe
- **descargar/cargar** . . . . télécharger/charger
- *el* **correo electrónico**, *el* **e-mail** . . . . l'e-mail
- **ir a ver los mensajes** . . . . lire ses e-mails
- **enviar/recibir** . . . . envoyer/recevoir
- **contestar, responder** . . . . répondre
- **reenviar** . . . . faire suivre
- **adjuntar un archivo** . . . . joindre un fichier
- *el* **buzón de entrada/de salida** . . . . *la* boîte de réception/d'envoi
- **cortar/copiar/pegar** . . . . couper/copier/coller
- **borrar, suprimir** . . . . effacer
- **imprimir** . . . . imprimer
- **guardar** . . . . sauvegarder
- *el* **disco duro** . . . . le disque dur
- *la* **memoria USB**, *el* **pendrive** . . . . . . la clé USB
- *el* **programa** . . . . le logiciel
- *la* **pantalla** / *el* **teclado** / *el* **ratón** . l'écran / le clavier / la souris
- *la* **impresora** . . . . l'imprimante
- *el* **ou** *la* **web** . . . . le Web
- *la* **página**/*el* **sitio web** . . . . la page/le site Web
- *el* **wifi** . . . . le Wi-Fi

6 Téléphoner

- *la* **línea fija** . . . . *la* ligne fixe
- *el* **móvil** Esp, *el* **celular** Amér . . . . . *le* portable
- *la* **tarjeta de prepago** . . . . *la* carte prépayée
- *el* **cargador** . . . . *le* chargeur
- *el* **timbre** . . . . *la* sonnerie
- *el* **contestador (automático)** . . . . . . *le* répondeur
- *la* **tecla almohadilla** . . . . *la* touche dièse
- **llamar (por teléfono), telefonear** appeler
- **equivocarse de número** . . . . se tromper de numéro
- **descolgar, coger** Esp . . . . décrocher
- **contestar, responder** . . . . répondre
- **colgar** . . . . raccrocher
- **volver a llamar** . . . . rappeler
- **enviar/recibir un mensaje de texto** envoyer/recevoir un texto

el móvil

¿Diga?/¿Dígame?/¿Sí? Allô ?
Soy Miguel. C'est Miguel.
¿Está Carmen? Est-ce que Carmen est là ?
¿Puedo hablar con David, por favor? Pourrais-je parler à David, s'il vous plaît ?
¿De parte de quién? C'est de la part de qui ?
Le pongo con él. Je vous le passe.
Un momento, por favor. Un instant, s'il vous plaît.
Deje su mensaje después de la señal. Veuillez laisser votre message après le bip.
No me queda batería. Je n'ai plus de batterie.
Te oigo muy mal. Je t'entends très mal.
Lo siento, se ha cortado. Désolé(e), ça s'est coupé.

7 Les loisirs et les sports

- **leer** .... lire
- **pintar** .... peindre
- **hacer bricolaje** .... faire du bricolage, bricoler
- **jugar con videojuegos** ... jouer à des jeux vidéo
- **coleccionar** .... collectionner
- **cocinar** .... cuisiner
- **bailar** .... danser
- **cantar** .... chanter
- **divertirse** .... s'amuser

Las distracciones • Les loisirs

- *la* **lectura** .... la lecture
- *el* **dibujo** .... le dessin
- *la* **pintura** .... la peinture
- *la* **fotografía** .... la photographie
- *el* **cine** .... le cinéma
- *los* **juegos de ordenador** ... les jeux électroniques
- *la* **cocina** .... la cuisine
- *la* **jardinería** .... le jardinage
- *la* **música** .... la musique
- *el* **canto** .... le chant
- *la* **danza**, *el* **baile** ... la danse
- *el* **piano** .... le piano
- *el* **violín** .... le violon
- *el* **violoncelo**, *el* **violonchelo** ... le violoncelle
- *la* **flauta** .... la flûte
- *la* **guitarra** .... la guitare
- *la* **batería** .... la batterie
- *los* **juegos de mesa** .... les jeux de société
- *el* **ajedrez** .... les échecs
- *las* **cartas** .... les cartes

Jugar

Jugar al ajedrez

La actividad deportiva • Le sport
- jugar .... jouer
- correr .... courir
- lanzar .... lancer
- nadar .... nager
- zambullirse .... plonger
- esquiar .... skier
- ganar .... gagner, battre
- perder .... perdre
- batir .... battre *(un record)*
- empatar .... faire match nul/être ex aequo
- el **calentamiento** ...... l'échauffement
- las **flexiones** .... les pompes

Jugar al squash

Los diferentes deportes • Les différents sports
- *el* **tenis** .... le tennis
- *el* **bádminton** .... le badminton
- *la* **equitación**, *la* **hípica** ... l'équitation
- *el* **golf** .... le golf
- *el* **esquí** .... le ski
- *la* **natación** .... la natation
- *la* **vela** .... la voile
- *el* **surf** .... le surf
- *el* **submarinismo** ...... le plongée sous-marine
- *la* **pesca** .... la pêche
- *el* **remo** .... l'aviron
- *el* **footing** .... le footing, le jogging
- *el* **senderismo** .... la randonnée
- *la* **carrera pedestre** ... la course à pied
- *el* **ping-pong** .... le ping-pong
- *la* **gimnasia** .... la gymnastique

Jugar al baloncesto

Les loisirs et les sports

- *el* aeróbic, *el* aerobic . . . . l'aérobic
- *el* fútbol . . . . le foot(ball)
- *el* baloncesto, *el* basquetbol . . . . . . le basket(-ball)
- *el* rugby . . . . le rugby
- *el* voleibol, *el* vóleibol . . . . le volley(-ball)
- *el* béisbol . . . . le baseball
- *el* hockey . . . . le hockey
- *el* hockey sobre hielo . . . . . . le hockey sur glace
- *el* patín en línea . . . . le roller
- *el* patinaje . . . . le patinage
- *el* ciclismo . . . . le cyclisme
- *el* atletismo . . . . l'athlétisme
- *el* kárate, *el* karate . . . . le karaté
- *el* boxeo . . . . la boxe

El patín de hockey

El equipo • L'équipement

- *el* balón, *la* pelota . . . . le ballon, *la* balle
- *el* bate . . . . la batte
- *la* red . . . . le filet
- *la* bicicleta . . . . le vélo
- *el* gorro de baño . . . . le bonnet de bain
- *la* raqueta de tenis . . . . la raquette de tennis
- *las* pesas . . . . les haltères
- *los* esquíes . . . . les skis
- *los* palos de esquí . . . . les bâtons de ski

Los lugares en que se practica el deporte • Les lieux où l'on pratique le sport

- *el* centro deportivo . . . . le centre sportif
- *el* gimnasio . . . . le gymnase *(dans une école, un stade),* le club de gym

- *los* **vestuarios** .... *le* vestiaire
- *el* **estadio** .... *le* stade
- *la* **piscina** .... *la* piscine
- *la* **cancha de tenis** .... *le* court de tennis
- *la* **pista de patinaje** .... *la* patinoire

La competición • La compétition
- *el* **equipo** .... *l'*équipe
- *la* **carrera** .... *la* course
- *la* **etapa** .... *l'*étape
- *la* **carrera contrarreloj** ... *la* course contre la montre
- *la* **prueba eliminatoria** ... *l'*épreuve éliminatoire
- *el* **partido** .... *le* match
- *la* **partida** .... *la* partie
- *el* **descanso** .... *la* mi-temps
- *el* **gol** .... *le* but
- *el* **empate** .... *le* match nul
- *la* **prórroga** .... *les* prolongations
- *los* **penaltis** .... *les* tirs au but
- *la* **Copa del Mundo** .... *la* Coupe du monde
- *los* **Juegos Olímpicos** ...... *les* jeux Olympiques

Jugar al fútbol

Los participantes • Les participants
- *el (la)* **jugador(a)** .... *le (la)* joueur(euse)
- *el (la)* **árbitro(a)** .... *l'*arbitre
- *el (la)* **entrenador** .... *l'*entraîneur(euse)
- *el (la)* **rival** .... *le (la)* concurrent(e), *l'*adversaire
- *el (la)* **ganador(a)** .... *le (la)* gagnant(e), *le* vainqueur
- *el (la)* **perdedor(a)** .... *le (la)* perdant(e)
- *el (la)* **poseedor(a) del récord** .. *le (la)* détenteur(trice) du record

Les sports

- el fútbol
- el baloncesto
- el béisbol
- el tenis
- el rugby
- el boxeo
- el fútbol americano
- el hockey
- el footing
- el ping-pong
- el golf
- el patinaje en línea
- la gimnasia
- el submarinismo
- las artes marciales
- el ciclismo
- el esquí
- el surf

Les loisirs

- el yoga
- la música
- el cine
- el ballet
- las cartas
- la pintura
- el dibujo
- la jardinería
- el bricolaje
- la fotografía
- chatear con amigos
- shopping
- salir a bailar
- leer
- viajar
- la natación
- la pesca
- la cocina

Expressions indispensables

¿Qué haces en tu tiempo libre? Que fais-tu pendant ton temps libre ?
Leo mucho. Je lis beaucoup.
Paul es un manitas. Paul est très bricoleur.
¿Has leído algún buen libro últimamente? As-tu lu de bons livres récemment ?
Hago escultura/cerámica. Je fais de la sculpture/poterie.
Tomo clases de danza. Je prends des cours de danse.
¿Tocas algún instrumento? Joues-tu d'un instrument ?
Sí, toco el piano. Oui, je joue du piano.
¿Qué tipo de música le gusta a ella? Quel genre de musique aime-t-elle ?
Le gusta escuchar música clásica. Elle aime écouter de la musique classique.
Me intereso por muchas cosas distintas. Je m'intéresse à beaucou de choses.
Juego al ajedrez. Je joue aux échecs.
¿Practicas algún deporte? Pratiques-tu un sport ?
Sí, juego al tenis. Oui, je joue au tennis.
¿Dónde está el club de…? Où se trouve le club de… ?
¿Dónde se puede jugar al…/a la …? Où peut-on jouer au…/à la …?, Où peut-on faire du… / de la…?
¿Dan el material? Fournissez-vous le matériel ?
Quisiera alquilar un barco/una bicicleta. Je voudrais louer un bateau/un vélo.
Mantener la forma. Garder la forme.
Hacer ejercicio. Faire de l'exercice.
Practicar la equitación. Faire de l'équitation.
Participar en.. Participer à...
Marcar un gol/un tanto. Marquer un but/un essai.

Expressions indispensables

Llevar la delantera. Être en tête.
Estar en cabeza. Être en tête.
¿A quién le toca? C'est à qui le tour ?
Te toca a ti (jugar). C'est à toi (de jouer).
¡Preparados(as), listos(as), ya! À vos marques, prêts, partez !
Han empatado a dos. Ils ont fait deux partout.

J'aime, je n'aime pas...

Me intereso por la historia. Je m'intéresse à l'histoire.
Me gusta esquiar. J'aime faire du ski / le ski.
Le gusta coleccionar sellos. Il aime collectionner les timbres.
Le encanta salir. Il adore sortir.
Le encanta ir de tiendas. Elle adore faire les magasins / faire du shopping.
Le gusta tener invitados. Elle aime recevoir.
Le gusta ocuparse del jardín. Il aime jardiner / le jardinage.
Le apasiona la informática. C'est un passionné d'informatique.
A Hélène le apasiona el cine. Hélène est passionnée de cinéma.
El rojo es mi color favorito. Le rouge est ma couleur préférée.
No me gusta la ópera. Je n'aime pas l'opéra.
No me gusta correr. Je n'aime pas courir.
No soporto la pesca. Je déteste pêcher.
Aborrece. ou *Odia cocinar.* Elle déteste faire la cuisine.
Me da grima madrugar. J'ai horreur de me lever tôt.
Prefiero el hip-hop al tango. Je préfère le hip-hop au tango.

8 La météo

- *el* **tiempo** .... le temps
- *las* **previsiones meteorológicas** .... les prévisions météo
- *la* **temperatura** .... la température
- **(muy) caluroso(a)/frío(a)** .... (très) chaud(e)/froid(e)
- **bueno(a)** .... doux, douce
- **seco(a) ≠ húmedo(a)** .... sec, sèche ≠ humide
- **cambiante, variable** .... variable

El frío • Le froid
- **nevar** .... neiger
- *la* **nieve** .... *la* neige
- *la* **nevada** .... *la* chute de neige
- *el* **hielo** .... *la* glace, *le* verglas
- *la* **helada** .... *la* gelée, *le* gel

La nube

El calor • La chaleur
- *el* **sol** .... le soleil
- **soleado(a)** .... ensoleillé(e)
- *la* **ola de calor** .... la vague de chaleur
- **bochornoso(a)** .... lourd(e)

El viento • Le vent
- *la* **brisa** .... la brise
- *la* **ráfaga (de viento)** .... le coup de vent, *la* rafale
- *el* **huracán** .... l'ouragan
- *el* **tornado** .... la tornade

La lluvia • La pluie
- *la* **nube** .... le nuage
- **nublado(a), nuboso(a)** .... nuageux(euse)
- **lluvioso(a)** .... pluvieux(euse)
- *la* **llovizna** .... la bruine, *le* crachin

- *el* **chubasco** . . . . l'averse
- *el* **aguacero** . . . . l'averse
- *el* **claro** . . . . l'éclaircie
- *el* **granizo** . . . . *la* grêle
- *la* **tormenta** . . . . l'orage
- *la* **niebla**, *la* **neblina** . . . . le brouillard
- *el* **trueno** . . . . le tonnerre
- *el* **relámpago** . . . . *la* foudre
- *el* **arcoiris** . . . . l'arc-en-ciel

El termómetro

¿Qué tiempo hace? Quel temps fait-il ?
Hace buen tiempo. ou *Hace bueno.* Il fait beau.
Hace mal tiempo. ou *Hace malo.* Il ne fait pas beau.
Hace un tiempo horroroso. Il fait un temps épouvantable.
El cielo está cubierto/despejado. Le ciel est couvert/dégagé.
Hace sol. Il y a du soleil.
Está lloviendo (a cántaros). Il pleut (à verse).
Está nevando. Il neige.
Está helando. Il gèle.
Hay niebla/hielo. Il y a du brouillard/du verglas.
Hay viento. Il y a du vent.
Está noche hará fresco. Ce soir il fera frais.
Está despejando. Le ciel se dégage.
El sol brilla. Le soleil brille.
Hace un calor achicharrante. Il fait très chaud.
¿Qué temperatura hace? Quelle température fait-il ?
Hace 22 °C a la sombra/al sol. Il fait 22 °C à l'ombre/au soleil.
Tengo frío/calor. J'ai froid/chaud.

9 Explorer la nature

Los paisajes • Les paysages
- la **montaña** . . . . la montagne
- la **colina** . . . . la colline
- el **valle** . . . . la vallée
- el **llano**, la **llanura** . . . . la plaine
- el **campo** . . . . le champ, la campagne
- el **bosque** . . . . la forêt, le bois
- el **río** . . . . la rivière, le fleuve
- el **lago** . . . . le lac
- el ou la **mar** . . . . la mer
- la **playa** . . . . la plage
- la **cala** . . . . la crique
- el **acantilado** . . . . la falaise
- la **isla** . . . . l'île
- el **volcán** . . . . le volcan
- el **desierto** . . . . le désert
- la **selva**, la **jungla** . . . . la jungle

Las plantas • Les plantes

Las ojas

- el **trébol** . . . . le trèfle
- la **hiedra** . . . . le lierre
- el **césped** . . . . le gazon
- el **arbusto**, la **mata** . . . . le buisson
- el **seto** . . . . la haie
- el **tronco** . . . . le tronc
- la **rama** . . . . la branche
- la **hoja** . . . . la feuille
- el **pétalo** . . . . le pétale
- el **tallo** . . . . la tige
- la **raíz** (pl**raíces**) . . . . la racine

Los árboles • Les arbres

- el **roble** .... le chêne
- el **haya** .... le hêtre
- el **pino** .... le pin
- el **abeto** .... le sapin
- el **álamo** .... le peuplier
- el **sauce** .... le saule
- el **ciprés** .... le cyprès
- el **plátano** .... le platane
- la **palmera** .... le palmier
- el **olivo** .... l'olivier
- el **naranjo** .... l'oranger

El bonsai

Las flores • Les fleurs

- la **rosa** .... la rose
- la **margarita** .... la marguerite
- el **clavel** .... l'œillet
- el **geranio** .... le géranium
- la **amapola** .... le coquelicot
- la **hortensia** .... l'hortensia
- la **violeta** .... la violette
- la **dalia** .... le dahlia
- el **crisantemo** .... le chrysantème
- el **hibisco** .... l'hibiscus
- la **orquídea** .... l'orchidée
- el **tulipán** .... la tulipe
- el **lirio** .... l'iris
- el **jazmín** .... le jasmin
- el **girasol** .... le tournesol
- el **cardo** .... le chardon
- el **diente de león** .... le pissenlit

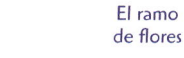

El ramo de flores

Les arbres et les fleurs

el abeto

el olivo

el abedul

el álamo

el castaño

la palmera

el tilo

el sauce llorón

el roble

la hierba

la buganvilla	el narciso	la violeta	la tulipa
el hibisco	las margaritas	el geranio	el no me olvides
el pensamiento	el mimosa	el jazmín	la lila
el girasol	el lirio de los valles	la gerbera	la lavanda
			los dientes de león / la orquídea
la amapola	el iris	la rosa	el botón de oro / el clavel

10 Les animaux

Los animales domésticos • Les animaux domestiques
- el **perro**, la **perra** .... le chien, la chienne
- el **gato**, la **gata** .... le chat, la chatte
- el **pez de colores** .... le poisson rouge
- el **hámster** .... le hamster
- el **conejillo de Indias** .... le cochon d'Inde
- el **conejo** .... le lapin

Los animales de la granja • Les animaux de la ferme
- el **gallo** .... le coq
- la **gallina** .... la poule
- el **pollito** .... le poussin
- el **toro** .... le taureau
- la **vaca** .... la vache
- el **pato** .... le canard
- la **oca** .... l'oie
- el **pavo** .... le dindon
- la **cabra** .... la chèvre
- el **caballo** .... le cheval
- el **asno**, el **burro** .... l'âne
- la **oveja** .... le mouton
- el **cordero** .... l'agneau
- el **cerdo** .... le cochon

El nido

La caseta

Las aves • Les oiseaux
- la **golondrina** .... l'hirondelle
- la **gaviota** .... la mouette
- el **loro** .... le perroquet
- el **búho** .... le hibou
- el **cóndor** .... le condor

Los animales salvajes • Les animaux sauvages

- *la* **rana** .... *la* grenouille
- *el* **ratón** .... *la* souris
- *el* **zorro,** *la* **zorra** ...... *le* renard, *la* renarde
- *el* **lobo,** *la* **loba** .... *le* loup, *la* louve
- *el* **oso,** *la* **osa** .... *l'*ours
- *el* **león,** *la* **leona** ...... *le* lion, *la* lionne
- *el* **tigre,** *la* **tigresa** .... *le* tigre
- *la* **jirafa** .... *la* girafe
- *el* **mono,** *la* **mona** ..... *le* singe, *la* guenon
- *la* **serpiente** .... *le* serpent
- *el* **cocodrilo** .... *le* crocodile
- *el* **elefante** .... *l'*éléphant
- *el* **delfín** .... *le* dauphin
- *la* **ballena** .... *la* baleine

Los insectos • Les insectes

- *la* **hormiga** .... *la* fourmi
- *la* **abeja** .... *l'*abeille
- *la* **mariposa** .... *le* papillon
- *la* **mosca** .... *la* mouche
- *el* **mosquito** .... *le* moustique
- *la* **araña** .... *l'*araignée

Los peces

El perro ladra.
Le chien aboie.

El gato maúlla.
Le chat miaule.

El caballo relincha.
Le cheval hennit.

La rana croa.
La grenouille coasse.

El lobo aúlla.
Le loup hurle.

El león ruge.
Le lion rugit.

Les animaux

- la mariquita
- el loro
- la mosca
- mosquito
- las mariposas
- la araña
- los periquitos
- la abeja
- el pez de colores
- los ratones
- el cerdo
- la rana
- la oca
- los perros
- el cordero
- el gato
- el pato
- el gallo
- el pollito
- la gallina
- el hámster
- el conejo

- el caballo
- el toro
- la vaca y el ternero
- la oveja
- el delfín
- la girafa
- el tiburón
- el zorro
- el oso
- el león
- la zebra
- la serpiente
- el elefante
- el chimpacé
- el tigre

11 La vie quotidienne

Por la mañana • Le matin

- despertarse .... se réveiller
- levantarse .... se lever
- ser madrugador(a) .... être un(e) lève-tôt
- estar medio dormido(a) .... être à moitié endormi(e)
- quedarse dormido(a) .... ne pas se réveiller à temps
- hacer la cama .... faire son lit
- lavarse .... se laver
- lavarse los dientes .... se brosser ou se laver les dents
- ducharse, tomar una ducha ...... prendre une douche
- afeitarse .... se raser
- peinarse .... se peigner
- cepillarse el pelo .... se brosser les cheveux
- maquillarse .... se maquiller
- vestirse .... s'habiller
- desayunar .... prendre son petit déjeuner
- arreglarse .... se préparer
- ir a la escuela/a trabajar ..... aller à l'école/travailler

Por la tarde/Por la noche • L'après-midi/Le soir

- comer, almorzar .... déjeuner
- volver a casa .... rentrer à la maison
- dormir la siesta .... faire la sieste
- cenar .... dîner
- ver la tele(visión) .... regarder la télé(vision)
- bañarse, tomar un baño .... prendre un bain
- poner el despertador .... mettre le réveil
- tener sueño .... avoir sommeil
- acostarse .... (aller) se coucher
- dormirse .... s'endormir
- dormir .... dormir

Un día normal

A menudo me despierto a las siete en punto. Escucho la radio y luego me levanto. Doy de comer al gato y riego las plantas. Tomo una ducha, me visto y desayuno. Siempre tomo cereales y zumo de naranja. Antes de salir de casa me lavo los dientes, miro los mensajes electrónicos y a veces, si tengo tiempo, leo los periódicos en línea. No vivo lejos de la universidad, así que generalmente voy andando. A mediodía suelo comer con mis amigos en un restaurante. Paso la tarde en la biblioteca porque pocas veces tengo clase. A las tres y media voy a buscar a mi hermano a la escuela y lo llevo a casa de mis padres. Más tarde quedo con mi novia; a menudo vamos al cine o a tomar algo en un bar. Vuelvo a las ocho y media y ceno. Nunca veo la tele por la noche, prefiero tocar la guitarra. Me acuesto bastante tarde. ¡Leer me ayuda a dormir!

12 Se déplacer en ville

- *la* **ciudad** . . . . *la* ville
- *la* **capital** . . . . *la* capitale
- *el* **pueblo** . . . . *le* village
- *el* **centro** . . . . *le* centre(-ville)
- *el* **barrio** . . . . *le* quartier
- *las* **afueras** . . . . *la* banlieue
- *la* **plaza** . . . . *la* place
- *la* **fuente** . . . . *la* fontaine
- *la* **farola** . . . . *le* lampadaire
- *la* **calle** . . . . *la* rue
- *la* **calle mayor** ou **principal** . . . . *la* rue principale
- *la* **acera** . . . . *le* trottoir
- *la* **manzana (de casas)** Esp . . . . *le* pâté de maisons
- *la* **cuadra** Amér . . . . *le* pâté de maisons
- *la* **carretera** . . . . *la* route
- *la* **autovía** . . . . *la* voie rapide *(autoroute gratuite)*
- *la* **autopista** . . . . *l'*autoroute
- *el* **cinturón de ronda** . . . . *le* périphérique
- *el* **cruce** . . . . *le* carrefour
- *el* **semáforo** . . . . *le* feu (de signalisation)
- *el* **paso (de) cebra** ou **de peatones** *le* passage pour piétons
- *la* **glorieta**, *la* **rotonda** . . . . *le* rond-point
- *la* **señal indicadora** . . . . *le* panneau de signalisation
- *el* **buzón** . . . . *la* boîte aux lettres
- *la* **parada de autobús** . . . . *l'*arrêt de bus
- *la* **estación de metro** . . . . *la* station de métro
- *el* **carril bici** . . . . *la* piste cyclable
- *el* **parque** . . . . *le* parc
- *el* **jardín público** . . . . *le* jardin public
- *el* **puente** . . . . *le* pont

Los edificios • Les bâtiments

- *el* **edificio**, *el* **bloque (de pisos)** ... *l'*immeuble
- *el* **rascacielos** ... *le* gratte-ciel, *la* tour
- *el* **ayuntamiento**, *el* **consistorio** ... *l'*hôtel de ville
- *la* **oficina de correos** ... *le* (bureau de) poste
- *la* **estación ferroviaria** ou **del tren** . *la* gare ferroviaire
- *la* **estación de autobuses** ... *la* gare routière
- *el* **metro** ... *le* métro
- *el* **aeropuerto**/*el* **puerto** ... *l'*aéroport/*le* port
- *el* **aparcamiento** Esp ... *le* parking
- *el* **parqueadero** Amér ... *le* parking
- *el* **hospital** ... *l'*hôpital
- *la* **comisaría** ... *le* commissariat
- *el* **banco** ... *la* banque
- *la* **escuela** ... *l'*école
- *la* **universidad** ... *l'*université
- *la* **biblioteca** ... *la* bibliothèque
- *la* **oficina de turismo** ... *l'*office du tourisme
- *el* **museo** ... *le* musée
- *el* **teatro** ... *le* théâtre
- *el* **cine** ... *le* cinéma
- *el* **centro comercial** ... *le* centre commercial
- *la* **tienda** ... *le* magasin
- *la* **cafetería**/*el* **restaurante** ... *le* café/*le* restaurant
- *el* **hotel** ... *l'*hôtel
- *el* **parque de bomberos** ... *la* caserne des pompiers
- *la* **iglesia** ... *l'*église
- *la* **catedral** ... *la* cathédrale
- *la* **mezquita** ... *la* mosquée
- *la* **sinagoga** ... *la* synagogue

Expressions indispensables

¿Podría decirme dónde estamos? Pourriez-vous m'indiquer où nous sommes ?

Quiero ir a.. Je voudrais aller à...

Perdone, estoy buscando... Excusez-moi, je cherche...

¿Dónde está la farmacia más cercana? Où se trouve la pharmacie la plus proche ?

¿Sabe dónde puedo encontrar un taller de reparaciones? Savez-vous où je pourrais trouver un garage ?

¿Dónde está en el plano? Où est-ce sur le plan ?

¿Voy bien por aquí para ir a...? Est-ce bien la direction de... ?

¿Es todo recto? C'est tout droit ?

¿Hay que girar a la derecha o a la izquierda? Il faut tourner à droite ou à gauche ?

¿Está ou *Queda lejos?* Est-ce loin ?

¿Se puede ir andando ou *a pie?* Peut-on y aller à pied ?

¿Me puede decir cómo ir a la estación, por favor? Pourriez-vous m'indiquer comment aller à la gare, s'il vous plaît ?

¿Tiene un plano de los transportes públicos? Auriez-vous un plan des transports en commun ?

¿Dónde se compran los billetes Esp ou *los boletos* Amér*?* Où peut-on acheter des tickets ?

¿Cuánto cuesta un billete Esp ou *un boleto* Amér *para...?* Combien coûte un billet pour... ?

¿Hay un abono semanal? Existe-t-il un forfait hebdomadaire ?

¿Durante cuánto tiempo el billete Esp ou *el boleto* Amér *es válido?* Combien de temps ce ticket est-il valable ?

¿Hay una visita guiada/una visita en autobús de la ciudad? Y a-t-il une visite guidée/un tour en bus de la ville ?

¿Este autobús va a la catedral? Ce bus va-t-il à la cathédrale ?

Expressions indispensables

¿Qué autobús hay que tomar para ir a...? Quel bus faut-il prendre pour aller à... ?
¿En qué estación/parada me tengo que bajar para ir a...? À quelle station/arrêt dois-je descendre pour aller à... ?
¿Sabe dónde hay una parada de taxis? Pouvez-vous me dire où est la station de taxis ?
¿Cuánto costará la carrera? Combien coûtera la course ?
Pare en la esquina, por favor. Arrêtez-vous au coin de la rue.
La farmacia está en la esquina. La pharmacie est à l'angle de la rue.
¿Dónde puedo aparcar Esp *ou parquear* Amér *el coche* Esp *ou el carro* Amér*?* Où puis-je garer ma voiture ?
¿Dónde se puede alquilar bicicletas? Où peut-on louer des vélos ?
Estamos buscando un hotel no muy caro. Nous cherchons un hôtel pas trop cher.
¿Nos puede recomendar un buen restaurante? Pouvez-vous nous indiquer un bon restaurant ?
¿Hay una cafetería por aquí? Y a-t-il un café dans les environs ?
¿Hay servicios públicos? Y a-t-il des toilettes publiques ?
¿Cuáles son los horarios de apertura del museo? Quels sont les horaires d'ouverture du musée ?
¿Hay descuentos para estudiantes/grupos? Y a-t-il des réductions pour les étudiants/les groupes ?
¿En qué zona están las tiendas? Où se trouvent les magasins ?
¿A qué hora abren/cierran las tiendas? À quelle heure ouvrent/ferment les magasins ?
¿El castillo está abierto al público? Le château est-il ouvert au public ?
¿Nos puede sacar una foto? Vous pourriez nous prendre en photo ?
¿Hay un cajero por aquí cerca? Y a-t-il un distributeur près d'ici ?

13 Faire du shopping

- *la* **tienda** . . . . *le* magasin, *la* boutique
- *el* **centro comercial** . . . . *le* centre commercial
- *los* **grandes almacenes** . . . . *le* grand magasin
- *el* **escaparate** Esp, *el* **aparador** Amér . *la* vitrine
- **abierto(a)** ≠ **cerrado(a)** . . . . ouvert ≠ fermé
- *el (la)* **cliente(a)** . . . . *le (la)* client(e)
- *el (la)* **dependiente(a)** . . . . *le (la)* vendeur(euse)
- *el (la)* **cajero(a)** . . . . *le (la)* caissier(ère)
- *la* **caja** . . . . *la* caisse
- *el* **mostrador** . . . . *le* comptoir
- *el* **probador** . . . . *la* cabine d'essayage
- *la* **sección** . . . . *le* rayon *(d'un magasin)*
- *las* **escaleras mecánicas** . . . . l'Escalator®
- *el* **precio** . . . . *le* prix
- *el* **cheque**, *el* **talón** . . . . *le* chèque
- *el* **dinero en efectivo** . . . . *le* liquide, *les* espèces
- *la* **calderilla** . . . . *la* petite monnaie
- *la* **vuelta** . . . . *la* monnaie *(que l'on rend)*
- *el* **euro** . . . . l'euro
- *el* **peso** . . . . *le* peso
- *el* **céntimo** . . . . *le* centime
- *la* **tarjeta bancaria** . . . . *la* carte bancaire
- *el* **ticket de caja** . . . . *le* ticket de caisse, *le* reçu
- *la* **tarjeta de fidelidad** . . . . *la* carte de fidélité
- *el* **mercado** . . . . *le* marché
- *el* **supermercado** . . . . *le* supermarché
- *el* **capazo** . . . . *le* cabas
- *la* **cesta** . . . . *le* panier
- *el* **carrito de la compra** . . . . *le* chariot, *le* Caddie®
- **barato(a)** . . . . bon marché
- **caro(a)** . . . . cher(ère)

- **gratuito(a), gratis** . . . . gratuit(e)
- **rebajado(a)** . . . . en solde
- *las* **rebajas** . . . . *les* soldes
- **en oferta** . . . . en promotion

Las tiendas • Les magasins

- *la* **tienda de comestibles** ou **de ultramarinos** Esp ou **de abastos** Amér . . . . l'épicerie
- *la* **carnicería** . . . . *la* boucherie
- *la* **pescadería** . . . . *la* poissonnerie
- *la* **frutería y verdulería** . . . . *le* marchand de fruits et légumes
- *la* **panadería** . . . . *la* boulangerie
- *la* **pastelería** . . . . *la* pâtisserie
- *la* **bodega** . . . . *le* magasin de vins et spiritueux
- *la* **peluquería** . . . . *le* salon de coiffure
- *la* **zapatería** . . . . *le* magasin de chaussures
- *la* **joyería** . . . . *la* bijouterie
- *la* **farmacia** . . . . *la* pharmacie
- *la* **papelería** . . . . *la* papeterie
- *la* **librería** . . . . *la* librairie
- *el* **quiosco (de periódicos)** . . . . . . *le* kiosque à journaux
- *el* **estanco** . . . . *le* bureau de tabac
- *la* **agencia de viajes** . . . . l'agence de voyages
- **comprar** . . . . acheter
- **vender** . . . . vendre
- **regatear** . . . . marchander
- **ir de tiendas** . . . . faire du shopping
- **ir de compras** . . . . faire les courses
- **mirar escaparates** Esp . . . . faire du lèche-vitrines
- **comprar en internet** . . . . acheter en ligne
- **costar** . . . . coûter

Faire du shopping

- **gastar** .... dépenser
- **pagar** .... payer
- **devolver el cambio** .... rendre la monnaie
- **probar** .... essayer *(vêtements)*
- **pedir un descuento** .... demander une réduction
- **ir a la panadería** .... aller à la boulangerie
- **devolver algo** .... rendre quelque chose
- **cambiar algo (por)** .... échanger quelque chose (contre)
- **pagar con tarjeta bancaria** .... payer par carte bancaire
- **firmar** .... signer
- **hacer el PIN** .... composer son code secret
- **hacer cola** .... faire la queue
- **envolver para regalo** .... faire un paquet-cadeau
- **sacar dinero** .... retirer de l'argent

Hacer la compra

Expressions indispensables

¿Le puedo ayudar? Je peux vous aider ?
¿Tiene...? Vous avez des... ?
¿Vende...? Vous vendez... ?
Un quilo de manzanas, por favor. Un kilo de pommes, s'il vous plaît.
Ya me atienden, gracias. On s'occupe de moi, merci.
¿Me lo/la puedo probar? Je peux (l')essayer ?
¿Dónde están los probadores? Où se trouvent les cabines d'essayage ?
Uso una 40. Je fais du 40.
Calzo un 38. Je chausse du 38.
Es demasiado grande/pequeño(a). C'est trop grand/petit.
¿Tiene una talla más grande/pequeña? Avez-vous une taille au-dessus/en dessous ?
¿Hacen los arreglos? Vous faites les retouches ?
¿Lo tienen en otros colores? Vous l'avez en d'autres couleurs ?
¿Van a tener más? Vous allez en recevoir d'autres ?
¿Puedo encargarlo? Est-ce que je peux le commander ?
¿Lo puedo cambiar si no me va bien? Je peux échanger si ça ne va pas ?
Me voy a llevar éste, gracias. Je vais prendre celui-ci, merci.
¿Algo más? Et avec ça ?
Eso es todo, gracias. Ce sera tout, merci.
¿Cuánto es? C'est combien ?
Son 20 euros. Ça fait 20 euros.
¿Cómo va pagar? Vous réglez comment ?
Voy a pagar en efectivo. Je vais payer en liquide.
¿Aceptan las tarjetas de crédito? Acceptez-vous les cartes de crédit ?

14 S'habiller

- vestirse .... s'habiller
- desvestirse, desnudarse ... se déshabiller
- llevar .... porter
- ponerse .... mettre
- quitarse .... enlever
- probar .... essayer
- ir ou quedar bien .... aller bien (taille)

La ropa • Les vêtements

- la camisa .... la chemise
- la blusa .... le chemisier
- el vestido .... la robe
- la falda .... la jupe
- la chaqueta .... la veste
- los pantalones .... le pantalon
- los pantalones cortos ...... le short
- los vaqueros, los tejanos ... le jean
- la camiseta .... le T-shirt
- el suéter, el jersey .... le pull(-over)
- la rebeca .... le gilet
- el traje .... le costume (homme), le tailleur (femme)
- el smoking .... le smoking
- la cazadora .... le blouson
- el abrigo .... le manteau
- el impermeable, el chubasquero .. l'imperméable
- la sudadera .... le sweat-shirt
- el chándal .... le survêtement
- el pijama .... le pyjama
- el camisón .... la chemise de nuit
- el traje de baño, el bañador .... le maillot de bain

Las perchas

Las zapatillas

- *las* **bragas** .... *la* culotte
- *los* **calzoncillos** .... *le* caleçon
- *el* ou *la* **tanga** .... *le* string
- *el* **sujetador** .... *le* soutien-gorge
- *las* **medias,** *los* **pantis** .... *les* collants
- *el* **calcetín** .... *la* chaussette
- *el* **cuello** .... *le* col
- *la* **manga** .... *la* manche
- *el* **bolsillo** .... *la* poche
- *la* **capucha** .... *la* capuche
- *el* **botón** .... *le* bouton
- *la* **cremallera** .... *la* fermeture Éclair®

El calzado • Les chaussures
- **un par de…** .... une paire de…
- *el* **zapato** .... *la* chaussure
- *la* **bota** .... *la* botte
- *la* **zapatilla de deporte** .. *la* basket
- *la* **sandalia** .... *la* sandale
- *la* **chancla** .... *la* tong
- *los* **tacones altos** .... *les* talons hauts
- *los* **tacones de aguja** .... *les* talons aiguilles

La zapatilla de deporte

Los accesorios • Les accessoires
- *el* **sombrero** .... *le* chapeau
- *el* **gorro** .... *le* bonnet
- *la* **gorra** .... *la* casquette
- *la* **bufanda** .... l'écharpe
- *el* **guante** .... *le* gant
- *la* **corbata** .... *la* cravate
- *el* **fular** .... *le* foulard

S'habiller

- *el* **cinturón** .... *la* ceinture
- *el* **paraguas** .... *le* parapluie
- *el* **bolso** .... *le* sac à main
- *el* **monedero** .... *le* porte-monnaie
- *el* **billetero** .... *le* portefeuille
- *las* **gafas de sol** .... *les* lunettes de soleil

Las joyas • *Les bijoux*
- *el* **anillo** .... *la* bague, *l'*anneau
- *el* **pendiente** .... *la* boucle d'oreille
- *la* **pulsera** .... *le* bracelet
- *el* **collar** .... *le* collier
- *el* **reloj** .... *la* montre
- *el* **oro**/*la* **plata** .... *l'*or/*l'*argent

La talla • *La taille*
- **pequeño(a)** .... petit(e)
- **mediano(a)** .... moyen(ne)
- **grande** .... grand(e)

Las materias • *Les matières*
- **Es de...** .... C'est en...
- *el* **algodón** .... *le* coton
- *la* **lana** .... *la* laine
- *el* **lino** .... *le* lin
- *la* **seda** .... *la* soie
- *el* **poliéster** .... *le* polyester
- *el* **denim** .... *le* (toile de) jean
- *el* **terciopelo** .... *le* velours
- *la* **pana** .... *le* velours côtelé
- *la* **piel** .... *le* cuir, *la* fourrure
- *el* **ante** .... *le* daim

El kit de costura

Les couleurs

naranja	blanco
marrón	verde
azul	rosa
rojo	gris
morado	negro
celeste	amarillo

Les vêtements...

- los calzoncillos
- el bañador
- las bragas
- el sujetador
- el abrigo
- el traje
- la chaqueta
- las chanclas
- el biquini
- la cremallera
- la camisa y la corbata
- la camiseta
- la sudadera
- la sudadera
- la blusa
- la falda
- los pantalones
- los vaqueros
- los zapatos de cuero
- los calcetines
- los zapatos de tacón
- las botas
- los botones
- las medias

...et les accessoires

- el sombrero
- el gorro de lana
- la gorra
- los guantes
- el cinturón
- el monedero
- la riñonera
- el bolso de bandolera
- las gafas de sol
- el paraguas
- la cartera
- la mochila
- el bolso de mano
- bathrobe
- la bufanda
- la maleta
- el reloj
- las toallas
- el perfume
- la pinza de pelo
- el fular
- la pulcera
- el collar
- los pendientes
- los elásticos para el pelo
- los anillos

15 Partir en vacances

- ir(se) de vacaciones........ partir en vacances
- reservar.................... réserver
- alquilar.................... louer
- pagar una (paga y) señal... verser une caution
- cancelar................... annuler
- hacer la maleta............ faire sa valise
- viajar...................... voyager
- visitar..................... visiter

> *¡Buen viaje!* Bon voyage !

La tumbona

El turismo • Le tourisme

- *el (la)* **turista**................ le (la) touriste
- *la* **especialidad**............. la spécialité
- *la* **reserva** Esp **(en línea)**.... la réservation (en ligne)
- *la* **reservación** Amér **(en línea)**.... la réservation (en ligne)
- *el* **viaje organizado**........ le voyage organisé
- *la* **estancia**................. le séjour
- *el* **crucero**.................. la croisière
- *la* **visita guiada**............ la visite guidée
- *el (la)* **guía**................. le (la) guide *(personne)*
- *la* **guía**..................... le guide *(livre)*
- *la* **postal**................... la carte postale
- *el* **sello**.................... le timbre

Los documentos para viajar • les documents nécessaires

- *el* **pasaporte**................ le passeport
- *el* **carné de identidad**...... la carte d'identité
- *el* **visado** Esp, *la* **visa** Amér........ le visa
- *el* **billete** Esp, *el* **boleto** Amér..... le billet

Los medios de transporte • Les moyens de transport

- **el coche** Esp/**el carro** Amér .... la voiture
- **conducir** Esp/**manejar** Amér .... conduire
- **hacer auto(e)stop** .... faire du stop
- *la* **bici(cleta)** .... le vélo
- *la* **moto(cicleta)** .... la moto
- **ir en bici(cleta)/moto(cicleta)** ... rouler à vélo/à moto
- *el* **taxi** .... le taxi *(véhicule)*
- *el* **autobús** .... le bus
- *el* **autocar** .... l'(auto)car
- *el* **tren** .... le train
- *el* **avión** .... l'avion
- *el* **barco** .... le bateau
- *el* **transbordador,** *el* **ferry** .... le ferry
- *el* **camión** .... le camion

El scooter

El avión • L'avion

- *el* **aeropuerto** .... l'aéroport
- *la* **compañía aérea** .... la compagnie aérienne
- *el* **vuelo** .... le vol
- *el* **mostrador de facturación** ..... le comptoir d'enregistrement
- *la* **tarjeta de embarque** .... la carte d'embarquement
- *el* **equipaje de cabina** .... les bagages à main
- *el* **equipaje facturado** .... les bagages enregistrés
- *las* **salidas**/*las* **llegadas** .... les départs/les arrivées
- *el* **billete** Esp **electrónico** .... le billet électronique
- *el* **boleto** Amér **electrónico** .... le billet électronique
- **cancelado** .... annulé
- **retrasado** Esp/**retardado** Amér .... retardé
- **facturar el equipaje** .... enregistrer les bagages
- **pasar el control de seguridad** .... passer le contrôle de sécurité

Partir en vacances

- **embarcar** . . . . embarquer
- **despegar/aterrizar** . . . . décoller/atterrir
- **hacer (una) escala en** . . . . faire escale à

A bordo • À bord
- *el* **asiento (de pasillo/de ventana)** le siège (côté couloir/hublot)
- *el* **cinturón de seguridad** . . . . la ceinture de sécurité
- *la* **tripulación** . . . . l'équipage
- *el* **auxiliar de vuelo**/*la* **azafata** . . . . . le steward/l'hôtesse de l'air
- *el (la)* **piloto** . . . . le pilote

Dans le train...

Un billete Esp *ou Un boleto* Amér *de ida y vuelta para Granada (en primera clase), por favor.* Un aller-retour pour Grenade (en première classe), s'il vous plaît.

Un billete de sólo ida para Toledo. Un aller simple pour Tolède.

¿A qué hora sale el próximo tren para Tarragona? À quelle heure part le prochain train pour Tarragone ?

¿Hay un tren más temprano/tarde? Y a-t-il un train plus tôt/tard ?

¿Es directo o hay que hacer transbordo? C'est un train direct ou il y a un changement ?

El alojamiento • L'hébergement
- *el* **hotel** . . . . l'hôtel
- *el* **hostal**, *la* **pensión** . . . . la pension (de famille)
- *el* **parador nacional** . . . . établissement hôtelier haut de gamme, géneralement situé dans un bâtiment historique réamménagé
- *el* **camping** . . . . le camping
- *la* **casa rural** . . . . le gîte rural
- *el* **albergue juvenil** . . . . l'auberge de jeunesse

- *la* **familia de acogida** . . . . *la* famille d'accueil
- **alquilar** . . . . louer

En el hotel • À l'hôtel
- *la* **recepción** . . . . *la* réception
- **registrarse** . . . . se présenter à la réception
- **dejar la habitación libre** . . . . libérer la chambre
- **habitaciones libres/completo** . . . . chambres libres/complet

> *¿El desayuno está incluido?* Le petit déjeuner est-il inclus ?
> *¿Hasta qué hora sirven la cena?* Jusqu'à quelle heure le dîner est-il servi ?
> *¿Me pueden despertar a las siete?* Pourriez-vous me réveiller à 7 h ?

La habitación • La chambre
- *la* **llave** . . . . *la* clé
- *la* **habitación sencilla/doble** . . . . . . *la* chambre simple/double
- *la* **cama (individual/de matrimonio)** *le* lit (pour une personne/ pour deux personnes)
- *la* **cama supletoria** . . . . *le* lit supplémentaire
- *el* **cuarto de baño** . . . . *la* salle de bains
- *la* **caja fuerte** . . . . *le* coffre-fort
- *el* **aire acondicionado** . . . . *la* climatisation

El albergue juvenil • L'auberge de jeunesse
- *el* **dormitorio privado** . . . . *la* chambre individuelle
- *el* **dormitorio compartido** . . . . *le* dortoir
- *la* **litera** . . . . *les* lits superposés
- *el* **comedor común** . . . . *le* réfectoire
- *la* **mochila** . . . . *le* sac à dos

16 Le corps humain

- *la* cabeza .... la tête
- *el* pelo, *el* cabello .... les cheveux
- *la* cara .... le visage
- *el* ojo .... l'œil
- *la* nariz .... le nez
- *la* boca/*los* labios .... la bouche/les lèvres
- *la* lengua .... la langue
- *los* dientes .... les dents
- *los* barbilla, *el* mentón .... le menton
- *la* oreja .... l'oreille
- *el* cuello/*la* garganta ...... le cou/la gorge
- *el* hombro .... l'épaule
- *el* pecho/*los* senos .... la poitrine/les seins
- *la* barriga, *el* vientre ..... le ventre
- *la* espalda .... le dos
- *la* cadera .... la hanche
- *el* trasero .... le derrière
- *el* brazo .... le bras
- *el* codo .... le coude
- *la* mano/*la* muñeca .... la main/le poignet
- *la* pierna .... la jambe
- *la* rodilla .... le genou
- *el* tobillo .... la cheville
- *el* pie .... le pied
- *el* dedo/*el* dedo del pie .... le doigt/l'orteil
- *el* estómago .... l'estomac
- *el* corazón .... le cœur
- *el* hígado .... le foie
- *el* riñón .... le rein

El dedo corazón

El meñique

El índice

El dedo pequeño

El pulgar

17 La santé

- *el* **dolor** . . . . la douleur
- *el* **medicamento**, *la* **medicina** . . . . le médicament
- *la* **píldora** . . . . la pilule
- *la* **vacuna** . . . . le vaccin
- *la* **pomada** . . . . la pommade
- *las* **gotas** . . . . les gouttes
- *el* **resfriado**, *el* **catarro** . . . . le rhume
- **estornudar** . . . . éternuer
- *la* **tos/toser** . . . . la toux/tousser
- *la* **fiebre** . . . . la fièvre
- *la* **gripe** . . . . la grippe
- *el* **dolor de cabeza/de muelas** . . . le mal de tête/de dents
- *la* **alergia** . . . . l'allergie
- *la* **náusea** . . . . la nausée
- *la* **diarrea** . . . . la diarrhée

Las pastillas

> *No me encuentro muy bien.* Je ne me sens pas très bien.
> *Me duele la cabeza/la garganta.* J'ai mal à la tête/à la gorge.
> *Estoy resfriado(a) y tengo fiebre.* J'ai un rhume et j'ai de la fièvre.
> *Me he hecho daño en la rodilla.* Je me suis fait mal au genou.
> *Me duele el pie.* J'ai mal au pied.
> *Tengo la nariz tapada./Me gotea la nariz.* J'ai le nez bouché./J'ai le nez qui coule.
> *Necesito aspirinas/tiritas.* Il me faudrait de l'aspirine/des pansements adhésifs.
> *Soy alérgico(a) al paracetamol.* Je suis allergique au paracétamol.
> *Estoy tomando antibióticos.* Je suis sous antibiotiques.
> *Estoy embarazada.* Je suis enceinte.

18 Boire et manger

- **beber** .... boire
- **comer** .... manger
- **probar** .... goûter *(un plat)*
- **cocinar** .... cuisiner, faire la cuisine
- **hacer, preparar** .... préparer

Las comidas • Les repas

- *el* **desayuno** .... *le* petit déjeuner
- *la* **comida**, *el* **almuerzo** .... *le* déjeuner
- *el* **tentempié** .... l'en-cas, *la* collation
- *la* **merienda** .... *le* goûter
- *la* **cena** .... *le* dîner

El zumo de naranja

Los diferentes platos • Les différents plats

- *el* **entremés** .... *le* hors-d'œuvre
- *el* **entrante**, *el* **primer plato** .... l'entrée
- *el* **segundo plato**, *el* **plato principal** .. *le* plat principal ou de résistance
- *el* **postre** .... *le* dessert

Las bebidas • Les boissons

- *el* **agua** *(fém* .... l'eau
- *la* **leche** .... *le* lait
- *el* **té** .... *le* thé
- *el* **café** .... *le* café
- *el* **chocolate caliente** .... *le* chocolat chaud
- *el* **zumo** Esp ou *el* **jugo** Amér .... *le* jus
- *la* **horchata** .... boisson à base de souchet comestible
- *la* **coca cola®** .... *le* Coca®
- *la* **gaseosa** .... *la* limonade
- *la* **limonada** .... *la* citronnade

- *la* **sidra** .... *le* cidre
- *la* **cerveza** .... *la* bière
- *la* **cerveza de barril** .... *la* bière pression
- *el* **vino** .... *le* vin
- *el* **vermú** .... *le* vermouth
- *el* **whisky**, *el* **güisqui** .... *le* whisky
- *la* **ginebra** .... *le* gin

El desayuno • Le petit déjeuner
- *la* **mantequilla** .... *le* beurre
- *la* **mermelada** .... *la* confiture
- *los* **cereales** .... *les* céréales
- *el* ou *la* **azúcar** .... *le* sucre
- *la* **tostada** .... *le* pain grillé
- *el* **pan** .... *le* pain
- *la* **rebanada de pan** ... *la* tranche de pain
- *la* **pasta** .... *la* viennoiserie
- *el* **bocadillo** .... *le* sandwich
- *los* **churros** .... *les* churros
- *el* **beicon** .... *le* bacon
- *el* **queso** .... *le* fromage

El chocolate con churros

Los condimentos • Les condiments
- *la* **sal**/*la* **pimienta** .... *le* sel/*le* poivre
- *la* **mostaza** .... *la* moutarde
- *el* **aceite (de oliva)** .... *l'*huile (d'olive)
- *el* **vinagre** .... *le* vinaigre
- *la* **salsa** .... *la* sauce
- *la* **mayonesa**, *la* **mahonesa** ...... *la* mayonnaise
- *el* **ketchup** .... *le* ketchup
- *la* **vinagreta** .... *la* vinaigrette

El aceite de oliva

Boire et manger

La fruta • Les fruits

- *la* **manzana** .... la pomme
- *la* **pera** .... la poire
- *el* **plátano**, *la* **banana** .... la banane
- *la* **naranja** .... l'orange
- *la* **mandarina** .... la mandarine
- *el* **melocotón** Esp, *el* **durazno** Amér ..... la pêche
- *la* **nectarina** .... la nectarine
- *la* **ciruela** .... la prune
- *el* **albaricoque** Esp, *el* **damasco** Amér .. l'abricot
- *el* **melón** .... le melon
- *la* **sandía** .... la pastèque
- *la* **piña** .... l'ananas
- *el* **limón** .... le citron
- *el* **kiwi** .... le kiwi
- *la* **fresa** Esp, *la* **frutilla** Amér ..... la fraise
- *la* **frambuesa** .... la framboise
- *la* **cereza** .... la cerise
- *la* **uva** .... le raisin
- *el* **higo** .... la figue

La ensalada de frutas

Las hortalizas • Les légumes

- *la* **patata** Esp, *la* **papa** Amér .... la pomme de terre
- *la* **zanahoria** .... la carotte
- *la* **berenjena** .... l'aubergine
- *los* **guisantes** .... les petits pois
- *las* **judías verdes** .... les haricots verts
- *los* **garbanzos** .... les pois chiche
- *el* **puerro** .... le poireau
- *la* **coliflor** .... le chou-fleur
- *la* **seta** .... le champignon

- el **pimiento verde/rojo** .... le poivron vert/rouge
- la **cebolla** .... l'oignon
- el **maíz** .... le maïs
- la **lechuga** .... la laitue
- el **tomate** .... la tomate
- el **pepino** .... le concombre

La carne • La viande
- la **carne de ternera** ..... le bœuf
- el **pollo** .... le poulet
- el **cordero** .... l'agneau
- el **cerdo** .... le porc
- el **pato** .... le canard
- el **bistec** .... le steak, le bifteck
- la **hamburguesa** .... le steak haché
- el **jamón** .... le jambon
- la **salchicha** .... la saucisse
- el **estofado** .... le ragoût

El jamón

Los grados de cocción de la carne • La cuisson de la viande
- **bien hecho(a)** .... bien cuit(e)
- **al punto** .... à point
- **poco hecho(a)** .... saignant(e)
- **vuelta y vuelta** .... bleu(e)

El pescado y el marisco • Le poisson et les fruits de mer
- la **merluza** .... le colin
- el **bacalao** .... la morue
- el **atún** .... le thon
- el **rape** .... la lotte
- el **pez espada** .... l'espadon
- la **sardina** .... la sardine

Boire et manger

- *la* **trucha** .... *la* truite
- *el* **lenguado** .... *la* sole
- *el* **mejillón** .... *la* moule
- *el* **berberecho** .... *la* coque
- *la* **almeja** .... *la* palourde
- *la* **sepia** .... *la* seiche
- *la* **gamba** .... *la* crevette
- *la* **langosta** .... *la* langouste
- *el* **bogavante** .... *le* homard

> Pez désigne l'animal vivant, mais c'est pescado qu'il faut employer pour parler du poisson préparé que l'on mange.

Los huevos • Les œufs
- *el* **huevo pasado por agua** .... l'œuf à la coque
- *el* **huevo frito** .... l'œuf sur le plat
- *los* **huevos revueltos** .... les œufs brouillés
- *la* **tortilla (a la) francesa** .... l'omelette nature
- *la* **tortilla de patatas**.............. omelette aux pommes de terre avec parfois de l'oignon

Las patatas • Les pommes de terre
- *la* **patata** Esp, *la* **papa** Amér .... *la* pomme de terre
- *el* **puré de patatas** Esp .... *la* purée de pommes de terre
- *las* **patatas** Esp **al horno/al vapor** .. les pommes de terre au four/à la vapeur
- *las* **patatas** Esp ou *las* **papas** Amér **fritas**   les frites, les chips

La pasta y el arroz • Les pâtes et le riz
- *la* **pasta**............................ les pâtes
- *los* **fideos** .... les nouilles
- *los* **espaguetis** .... les spaghettis

- *los* **macarrones** . . . . *les* macaronis
- *la* **paella** . . . . *la* paella
- *el* **arroz blanco** . . . . *le* riz nature
- *el* **arroz negro** . . . . riz à l'encre de seiche
- *el* **arroz a banda** . . . . riz préparé avec différents poissons et crustacés

Los postres • Les desserts
- *el* **helado** . . . . *la* glace
- *el* **yogur** . . . . *le* yaourt
- *el* **flan** . . . . *le* flan
- *el* **arroz con leche** . . . . *le* riz au lait
- *el* **pastel,** *la* **tarta** . . . . *le* gâteau

La crema catalana

Los gustos • Les goûts
- **dulce** . . . . sucré(e)
- **salado(a)** . . . . salé(e)
- **agrio(a)** . . . . aigre
- **ácido(a)** . . . . acide
- **amargo(a)** . . . . amer, amère
- **agridulce** . . . . aigre-doux, aigredouce
- **picante** . . . . épicé(e), rélevé(e)

El turrón

Certains noms s'emploient de manière indénombrable dans le domaine culinaire. C'est le cas, par exemple, de verdura et de fruta ; on dira la verdura et la fruta pour désigner les légumes et les fruits en général :

Comer verdura es saludable. Manger des légumes est bon pour la santé.
Una fruta exótica. Un fruit exotique.
Come mucha fruta. Il mange beaucoup de fruits.
La fruta tropical. Les fruits tropicaux.

Les tapas

los mejillones

los calamares

las croquestas

la enselada de pimientos

los boquerones en vinagre

el jamón

las habas con almejas

las aceitunas

la paella

la tortilla de patatas

el queso

el chorizo

Les fruits et les légumes

- la col
- las cebollas
- el ajo
- las zanahorias
- la seta
- los guisantes
- el maís
- los pimientos
- los kiwis
- los tomates
- los iguos
- las ciruelas
- los albaricoques
- las patatas
- las frambuesas
- las cerezas
- la piña
- el melocotón
- las naranjas
- la uva
- las peras
- la sandía
- los plátanos
- las fresas
- los limones
- las manzanas

Expressions indispensables

¡Tengo hambre! J'ai faim !
¡Tengo sed! J'ai soif !
¡Me estoy muriendo de hambre! Je meurs de faim !
¿Dónde podemos comer? Où pouvons-nous manger ?
¿Nos puede recomendar un restaurante? Pourriez-vous nous indiquer un restaurant ?
¿Vamos a comer a un chino? On va manger chinois ?
Quiero reservar una mesa para esta noche. Je voudrais réserver une table pour ce soir.
Una mesa para dos personas. Une table pour deux personnes.
¿Esta mesa/silla está libre? Cette table/chaise est libre ?
¿Todavía sirven? Vous servez encore ?
Tráiganos la carta, por favor. Pouvez-vous nous apporter la carte, s'il vous plaît ?
¿Cuáles son las especialidades regionales? Quelles sont les spécialités de la région ?
¿Qué va a tomar usted? Qu'est-ce que vous prenez ?
Voy a tomar pescado. Je vais prendre du poisson.
¿Pica? ou *¿Es picante?* Est-ce épicé ?
Estoy a régimen. Je suis au régime.
Sigo un régimen sin sal/gluten. Je suis un régime sans sel/gluten.
Soy alérgico(a) a las fresas. Je suis allergique aux fraises.
Soy abstemio(a). Je ne bois pas d'alcool.
Lo siento, no como cerdo. Désolé, je ne mange pas de porc.

Expressions indispensables

Soy vegetariano(a)/ vegano(a). Je suis végétarien(enne)/ végétalien(enne).

¿Tienen un menú vegetariano? Avez-vous un menu végétarien ?

¿Tienen un menú infantil? Avez-vous un menu enfants ?

¿Cuál es el plato del día? Quel est le plat du jour ?

Voy a tomar sólo un entrante y el postre. Je ne vais prendre qu'une entrée et un dessert.

Una botella de agua mineral, por favor. Une bouteille d'eau minérale, s'il vous plaît.

Esto no es lo que he pedido. Ce n'est pas ce que j'ai commandé.

¡Que aproveche! Bon appétit !

¡Salud! ou ***¡Chinchín!*** Santé ! ou À la vôtre !

¡La cuenta, por favor! L'addition, s'il vous plaît !

Creo que se ha equivocado. Je pense qu'il y a une erreur.

No hemos tomado postre. Nous n'avons pas pris de dessert.

¿El servicio está incluido? Le service est compris ?

Quédese con la vuelta. Gardez la monnaie.

¿Dónde están los servicios? Où sont les toilettes ?

¿Dónde puedo comprar fruta? Où puis-je acheter des fruits ?

Póngame un quilo. Vous m'en mettrez un kilo.

¿Me puede dar la receta? Pouvez-vous me donner la recette ?

¿Cuánto tiempo hay que dejarlo cocer? Il faut le laisser cuire combien de temps ?

¿Cuáles son los ingredientes para cuatro personas? Quels sont les ingrédients pour 4 personnes ?

19 Les nombres

Los números cardinales • Les nombres cardinaux

0	cero	26	veintiséis
1	uno(a)	27	veintisiete
2	dos	28	veintiocho
3	tres	29	veintinueve
4	cuatro	30	treinta
5	cinco	31	treinta y uno(a)
6	seis	32	treinta y dos
7	siete	40	cuarenta
8	ocho	50	cincuenta
9	nueve	60	sesenta
10	diez	70	setenta
11	once	80	ochenta
12	doce	90	noventa
13	trece	100	cien
14	catorce	101	ciento uno(a)
15	quince	162	ciento sesenta y dos
16	dieciséis	200	doscientos(as)
17	diecisiete	300	trescientos(as)
18	dieciocho	400	cuatrocientos(as)
19	diecinueve	500	quinientos(as)
20	veinte	600	seiscientos(as)
21	veintiuno(a)	700	setecientos(as)
22	veintidós	800	ochocientos(as)
23	veintitrés	900	novecientos(as)
24	veinticuatro	1.000	mil
25	veinticinco	1.506	mil quinientos seis

2011	dos mil once	1.000.000	un millón
10.000	diez mil	1.000.000.000	cien millones
100.000	cien mil	1.000.000.000.000	un billón

Los números ordinales • Les nombres ordinaux

1°	primer(o)(a)	15°	decimoquinto
2°	segundo(a)	20°	vigésimo
3°	tercer(o)(a)	21°	vigésimo primero
4°	cuarto(a)	22°	vigésimo segundo
5°	quinto(a)	30°	trigésimo
6°	sexto(a)	31°	trigésimo primero
7°	séptimo(a)	32°	trigésimo segundo
8°	octavo(a)	100°	centésimo
9°	noveno(a)	101°	centésimo primero
10°	décimo(a)	102°	centésimo segundo
11°	undécimo(a)	1000°	milésimo

- Notez qu'en espagnol, lorsque les ordinaux *primero* et *tercero* précèdent un nom masculin, ils perdent le « o » final. C'est ce que l'on appelle l'apocope.
Es el tercero en la clasificación. Ocupa el tercer puesto en la clasificación.
- En espagnol, jusqu'à dix on emploie les ordinaux, mais ensuite on utilise les cardinaux.
El quinto aniversario. mais *El cincuenta aniversario.*
Felipe IV (cuarto). mais *Alfonso XII (doce).*

20 La division du temps

- *el* segundo — *la* seconde
- *el* minuto — *la* minute
- *el* cuarto de hora — le quart d'heure
- *la* media hora — la demi-heure
- tres cuartos de hora — trois quarts d'heure
- *la* hora — l'heure
- temprano — tôt
- tarde — tard
- *el* día — le jour, *la* journée
- hace diez días — il y a dix jours
- *el* alba *(fém.)* — l'aube
- *el* amanecer — le lever du soleil
- *la* madrugada — le petit matin
- *la* mañana — le matin
- *la* tarde — l'après-midi, *le* soir
- *la* puesta de sol — le coucher de soleil
- *la* noche — la nuit
- *la* semana — la semaine
- *el* fin de semana — le week-end
- *el* mes — le mois
- *el* año — l'année
- el año pasado — l'année dernière
- el año próximo ou que viene — l'année prochaine
- *el* siglo — le siècle
- hoy — aujourd'hui
- esta noche — ce soir
- mañana — demain
- pasado mañana — après-demain
- ayer — hier
- anteayer — avant-hier

À savoir

On dit es la una pour indiquer qu'il est une heure, mais, pour tous les chiffres suivants, on emploie son... : son las dos, il est deux heures, son las tres, il est trois heures, etc.
Attention, on emploie l'article défini la et las avant le chiffre indiquant l'heure, et on omet le mot hora.

¿Qué hora es? • Quelle heure est-il ?

- **es...** — il est...
- **la una** — une heure
- **son...** — Il est...
- **las dos (en punto)** — deux heures (pile)
- **las seis y cinco** — six heures cinq
- **las cuatro y cuarto** — quatre heures et quart
- **las ocho y veinte** — huit heures vingt
- **las siete y media** — sept heures et demie
- **las once menos veinte** Esp. — onze heures moins vingt
- **veinte para las once** Amér. — onze heures moins vingt
- **las cinco menos cuarto** Esp. — cinq heures moins le quart
- **un cuarto para las cinco** Amér. — cinq heures moins le quart
- **las ocho de la mañana** — huit heures du matin
- **las cuatro de la tarde** — quatre heures de l'après-midi
- **las ocho de la tarde** — huit heures du soir, vingt heures
- *el* **mediodía,** *las* **doce del mediodía** — midi
- *la* **medianoche,** *las* **doce de la noche** — minuit
- **hemos quedado a las diez** — nous nous sommes donnés rendez-vous à dix heures

La division du temps

Les jours de la semaine	Les mois de l'année
lunes	enero
martes	febrero
miércoles	marzo
jueves	abril
viernes	mayo
sábado	junio
domingo	julio
Les saisons	agosto
la primavera	se(p)tiembre
el verano	octubre
el otoño	noviembre
el invierno	diciembre

À savoir

En espagnol, on donne la date en ajoutant la préposition de entre le chiffre correspondant au jour et le mois ainsi qu'entre le mois et l'année : 10/4/12 = 10 (diez) de abril de 2012 (dos mil doce)

¿Cuándo? • Quand ?
- **ahora** — maintenant
- **antes/después** — avant/après
- **durante** — pendant
- **desde** — depuis
- **siempre** — toujours
- **a menudo** — souvent
- **a veces** — parfois
- **nunca, jamás** — jamais
- **pronto** — bientôt

¿Dónde? • Où ?
- **aquí** — ici
- **ahí** — là-bas (proche)
- **allí** — là-bas (loin)
- **delante/detrás** — devant/derrière
- **encima de, sobre** — sur
- **debajo de** — sous
- **al lado de** — à côté de
- **enfrente de** — en face de
- **en medio de** — au milieu de

Lexique français - espagnol

A

à ❶ (lieu, temps) en ❷ (déplacement) a
l'abeille la abeja → 10*
l'abricot el albaricoque ᴇsᴘ, el damasco ᴀᴍᴇ́ʀ → 18
accepter aceptar
l'accident el accidente
acheter comprar ● **acheter en ligne** comprar en internet → 13
acide ácido(a) → 18
à côté de al lado de
l'acteur, l'actrice el actor, la actriz → 2
l'adresse la dirección → 1
l'adversaire el (la) rival → 7
l'aéroport el aeropuerto
les affaires ❶ los negocios ❷ (objets) las cosas
l'âge la edad → 1
l'agence de voyages la agencia de viajes → 13
l'agneau el cordero → 10
agréable ❶ agradable ❷ (personne) majo(a) → 1
l'agriculteur, l'agricultrice el (la) agricultor(a) → 2
l'aide la ayuda
aider ayudar
aigre agrio(a) → 18
l'ail el ajo → 18
ailleurs a otra parte
aimer ● **j'aime la paella** me gusta la paella
l'air, el aire
aller ir ● **aller bien** (vêtement) ir ou quedar bien → 14
l'allergie la alergia → 17
allumer encender

*numéro des chapitres

alors entonces
l'ambulance la ambulancia
amer(ère) amargo(a)
l'ami(e) el amigo ; la amiga
l'amour el amor
l'ampoule ❶ (de lampe) la bombilla ❷ (cloque) la ampolla
l'an el año
l'ananas la piña → 18
l'âne el asno, el burro → 10
l'anglais el inglés
l'animal el animal
● **l'animal domestique** el animal doméstico
l'anneau el anillo → 14
l'année el año → 20
l'anniversaire el cumpleaños
annuler cancelar → 15
antipathique antipático(ca)
à point al punto → 18
l'appareil photo la cámara de fotos
l'appartement el piso ᴇsᴘ, el departamento ᴀᴍᴇ́ʀ → 4
appeler llamar (por teléfono), telefonear → 4
apporter traer
apprendre ❶ (étudier) aprender ❷ (enseigner) enseñar
après después de
après-demain pasado mañana → 20
l'après-midi la tarde → 20
l'araignée la araña → 10
l'arbitre el (la) árbitro(a) → 7
l'arbre el árbol
l'arc-en-ciel el arcoiris → 8
l'architecte el (la) arquitecto(a) → 2

l'argent ❶ el dinero ❷ (métal) la plata
l'armoire el armario → 4
l'arrêt de bus la parada de autobús → 12
arriver ❶ (à destination) llegar ❷ (se produire) pasar
l'art el arte
l'artiste el, la artista
l'ascenseur el ascensor ᴇsᴘ, el elevador ᴀᴍᴇ́ʀ → 4
l'aspirateur el aspirador
l'assaisonnement el aliño
assez bastante ● **assez de** bastante ; bastantes
l'assiette el plato → 4
l'athlétisme el atletismo → 7
attendre esperar
attention ! ¡cuidado!
atterrir aterrizar
l'aube el alba ((fém) → 20
l'auberge de jeunesse el albergue juvenil → 15
l'aubergine la berenjena → 18
au-dessus encima ● **au-dessus de** encima de
aujourd'hui hoy → 20
au revoir ! ¡adiós! ou ¡Hasta luego!
au secours ! ¡socorro! ou ¡auxilio!
autant ● **autant que** tanto como
l'autocar el autocar → 15
l'autoroute la autopista
l'auto-stop el autostop
● **faire du stop** hacer auto-(e)stop → 15
avant antes ● **avant de** antes de
avant-hier anteayer → 20

avec con
à vendre se vende → 4
*l'***averse** el chubasco → 8
*l'***avion** el avión → 15
*l'***avocat(e)** el (la) abogado(a) → 2
avoir tener

B

le **baccalauréat** el bachillerato → 3
les **bagages** el equipaje → 15
la **bague** el anillo → 14
la **baignoire** la bañera → 4
le **bain** le baño
le **balai** la escoba → 4
le **balcon** el balcón → 4
la **baleine** la ballena → 10
la **balle** el balón, la pelota
le **ballon** el balón, la pelota
la **banane** el plátano, la banana → 18
la **banlieue** las afueras → 12
la **banque** el banco → 12
le **bar** el bar
la **barbe** la barba → 1
les **bas** las medias
le **baseball** el béisbol → 7
le **basket** la zapatilla de deporte → 14
le **basket(-ball)** el baloncesto, el basquetbol → 7
le **bateau** el barco → 15
la **batterie** la batería → 7
battre ❶ ganar ❷ ((un record) batir → 7
bavard(e) charlatán(ana)
beau, belle guapo(a) → 1
beaucoup mucho
le **beau-fils** el yerno → 1

les **beaux-parents** los suegros → 1
le **bébé** el bebé
beige beige, beis → 14
la **belle-fille** ((bru)) la nuera → 1
besoin ● **avoir besoin de** necesitar
bête estúpido
le **beurre** la mantequilla
la **bibliothèque** la biblioteca → 12
bien bien
bien cuit(e) bien hecho(a) → 18
bientôt pronto ● **à bientôt** hasta pronto
bienvenue Bienvenido(a).
la **bière** la cerveza → 18
le **bifteck** el bistec → 18
la **bijouterie** la joyería → 13
les **bijoux** las joyas
le **billet** el billete Esp, el boleto Amer → 15
bio biológico(a)
le **biscuit** la galleta
bizarre extraño(a)
blanc, blanche blanco(a)
bleu(e) ❶ (couleur) azul ❷ (viande) vuelta y vuelta → 14, 18
blond(e) rubio(a) → 1
le **blouson** la cazadora → 14
le **bœuf** la carne de ternera
boire beber → 18
le **bois** (forêt) el bosque; (matière) la madera → 9
la **boisson** la bebida
la **boîte** ● **la boîte aux lettres** el buzón ● **la boîte de nuit** la discoteca → 12
le **bol** el tazón, el bol → 4
bon, bonne bueno(a)
le **bonbon** el caramelo

bonjour ❶ ¡buenos días! ❷ ((l'après-midi) ¡buenas tardes!
bon marché barato(a) → 13
bonne nuit ¡buenas noches!
le **bonnet** el gorro → 7, 14
bonsoir ¡buenas noches!
la **botte** la bota → 14
la **bouche** la boca → 16
la **boucherie** la carnicería → 13
bouclé(e) rizado → 1
la **boucle d'oreille** el pendiente → 14
bouger moverse
bouillir hervir
la **bouilloire** el hervidor → 4
la **boulangerie** la panadería → 13
la **bouteille** la botella → 4
la **boutique** la tienda → 13
le **bouton** el botón → 14
le **boxe** el boxeo → 7
le **bracelet** la pulsera → 14
la **branche** la rama → 9
le **bras** el brazo → 16
bravo ! ¡bravo!
le **bricolage** el bricolaje → 7
bricoler hacer bricolaje → 7
le **briquet** el mechero
la **brise** la brisa → 8
bronzé(e) moreno(a) → 1
la **brosse à cheveux** el cepillo para el pelo → 4
la **brosse à dents** el cepillo de dientes → 4
le **brouillard** la niebla, neblina → 8
la **bruine** la llovizna → 8
le **bruit** el ruido
brûler quemar
la **brume** la bruma
brun(e) moreno(a) → 1
le **buffet** el aparador → 4

le **buisson** *el* arbusto, *la* mata → 9
le **bureau** *el* despacho → 4
le **bureau de tabac** *el* estanco → 13
le **bus** *el* autobús → 15
le **but** *el* gol → 7

C

ça ❶ (cela) eso ❷ (ceci) esto
le **cabas** *el* capazo → 13
la **cabine d'essayage** *el* probador → 13
la **cabine téléphonique** *la* cabina telefónica
le **Caddie**® *el* carrito de la compra → 13
le **cadeau** *el* regalo
le **café** ❶ (boisson) *el* café ❷ (lieu) *la* cafetería → 18
le **cahier** *el* cuaderno
la **caisse** *la* caja → 13
le (la) **caissier(ère)** *el (la)* cajero(a) → 13
la **calculatrice** *la* calculadora
le **caleçon** *los* calzoncillos → 14
le **calendrier** *el* calendario
calme tranquilo(a)
la **caméra** *la* cámara
le **camion** *el* camión → 15
la **campagne** *el* campo → 9
le **camping** *el* camping → 15
le **canapé** *el* sofá → 4
le **canard** *el* pato → 10, 18
la **capitale** *la* capital → 12
la **capuche** *la* capucha → 14
car porque
le **car** *el* autobús
le **caractère** *la* manera de ser → 1

la **carafe** *la* jarra
la **carie** *la* caries
la **carotte** *la* zanahoria → 18
le **carrefour** *el* cruce → 12
le **carrelage** (sur le sol) ❶ (sur le mur) *los* azulejos ❷ (sur le sol) *las* baldosas
la **carte bancaire** *la* tarjeta bancaria → 13
la **carte d'embarquement** *la* tarjeta de embarque → 15
la **carte d'identité** *el* carné de identidad → 15
la **carte postale** *la* postal → 15
les **cartes** *las* cartas → 7
la **casquette** *la* gorra → 14
casser romper ● **se casser** romperse
la **casserole** *la* cacerola, *la* cazuela → 4
la **cathédrale** *la* catedral
la **cave** *el* sótano → 4
ce, cette este ; esta
ceci esto
cela eso
célibataire soltero(a) → 1
le **cendrier** *el* cenicero
le **centime** *el* céntimo → 13
le **centre commercial** *el* centro comercial → 12, 13
le **centre-ville** *el* centro → 12
les **céréales** *los* cereales → 18
la **cerise** *la* cereza → 18
la **chaîne hi-fi** *el* equipo de alta fidelidad → 4
la **chaise** *la* silla → 4

la **chambre** *el* dormitorio → 15
le **champ** *el* campo → 9
le **champignon** *la* seta → 18
la **chance** *la* suerte
changer cambiar
la **chanson** *la* canción
le **chant** *el* canto → 7
chanter cantar → 7
le **chanteur,** *la* **chanteuse** *el, la* cantante
le **chapeau** *el* sombrero → 14
charger cargar
le **chargeur** *el* cargador → 6
le **chariot** *el* carrito de la compra → 13
charmant(e) encantador(a)
le **chat** *el* gato → 10
châtain castaño(a) → 1
le **château** *el* castillo
chaud(e) caliente
le **chauffage** *la* calefacción → 4
le **chauffeur** (de bus, voiture) *el* conductor
la **chaussée** *la* calzada
la **chaussette** *el* calcetín → 14
la **chaussure** *el* zapato → 14
chauve calvo(a) → 1
le (la) **chef** *el (la)* jefe(a) → 2
le **chemin** *el* camino
la **cheminée** *la* chimenea
la **chemise** *la* camisa → 14
le **chemisier** *la* blusa → 14
le **chèque** *el* cheque, *el* talón → 13
cher(ère) caro(a) → 13
chercher buscar
le **cheval** *el* caballo → 10
les **cheveux** *el* pelo, *el* cabello → 16
la **cheville** *el* tobillo → 16

81

la **chèvre** *la* cabra → 10
le **chien** *el* perro → 10
les **chips** *las* patatas Esp *o las* papas Amér fritas → 18
le **chocolat** *el* chocolate ● **le chocolat chaud** *el* chocolate caliente → 18
choisir escoger
le **chômage** *el* paro ● **être au chômage** estar en el paro
la **chose** *la* cosa
le **chou** *la* col → 18
la **chouette** *la* lechuza
le **chou-fleur** *la* coliflor → 18
les **churros** *los* churros → 18
le **cidre** *la* sidra → 18
le **ciel** *el* cielo
la **cigarette** *el* cigarrillo
le **cinéma** *el* cine → 7, 12
les **ciseaux** *las* tijeras
le **citron** *el* limón → 18
la **citronnade** *la* limonada → 18
clair(e) claro(a) → 14
la **classe** *la* clase
le **clavier** *el* teclado
la **clé** *la* llave ● **clé USB** *la* memoria USB, *el* pendrive → 4, 15, 5
la **clémentine** *la* clementina
le (la) **client(e)** *el (la)* cliente(a) → 1
la **climatisation** *el* aire acondicionado → 15
la **coccinelle** *la* mariquita
le **cochon** *el* cerdo → 10
le **cœur** *el* corazón → 16
le (la) **coiffeur(euse)** *el (la)* peluquero(a) → 2
la **coiffure** *el* peinado
le **coin** *la* esquina
le **col** *el* cuello → 14
le **colin** *la* merluza → 18

les **collants** *las* medias, *los* pantis → 14
la **collation** *el* tentempié → 18
collectionner coleccionar
le **collège** establecimiento educativo de primer ciclo de secundaria
le (la) **collègue** *el (la)* compañero(a) de trabajo
coller pegar
le **collier** *el* collar → 14
la **colline** *la* colina → 9
le (la) **colocataire** *el (la)* compañero(a) de piso → 4
combien cuánto
● **combien de** cuánto(a)
comme como
commencer empezar
comment cómo
le **commissariat** *la* comisaría
la **commode** *la* cómoda → 4
la **compagnie aérienne** *la* compañía aérea → 15
comprendre entender
le **comprimé** *el* comprimido
compter contar
le **comptoir** *el* mostrador
● **le comptoir d'enregistrement** *el* mostrador de facturación → 13, 15
le **concert** *el* concierto
le **concombre** *el* pepino → 18
le (la) **concurrent(e)** *el (la)* rival → 7
le **condor** *el* cóndor → 10
les **condiments** *los* condimentos
le **conducteur, la conductrice** *el* conductor; *la* conductora
conduire conducir Esp → 15

la **conférence** *la* conferencia
confirmer confirmar
la **confiture** *la* mermelada
connaître conocer
le **conseil** *el* consejo
conseiller aconsejar
la **consigne** *la* consigna
constipé(e) estreñido(a)
content(e) contento(a)
continuer seguir
le **contrat** *el* contrato
contre contra
le **contrôleur, la contrôleuse** *el* revisor; *la* revisora
le **copain** *el* amigo
copier copiar
la **copine** *la* amiga
le **coq** *el* gallo → 10
la **coque** *el* berberecho → 18
le **corps** *el* cuerpo → 16
la **correspondance** ❶ (train) *el* enlace ❷ (avion) *la* correspondencia
le **costume** ((d'homme) *el* traje → 14
côté ● **à côté de** al lado de
le **coton** *el* algodón → 14
le **cou**, *el* cuello → 16
le **coucher de soleil** *la* puesta de sol → 20
le **coude** *el* codo → 16
la **couette** *la* funda nórdica, *el* plumón → 4
la **couleur** *el* color → 14
le **couloir** *el* corredor
le **coup** *el* golpe ● **le coup de fil** *la* llamada
couper cortar
la **cour** *el* patio → 4
le **courant** *la* corriente
la **courgette** *el* calabacín
courir correr → 7
le **courrier** *el* correo

le **cours** *la* clase
la **course** *la* carrera → 7
les **courses** *la* compra
• **faire les courses** hacer la compra → 13
court(e) corto(a) → 1
le **court de tennis** *la* cancha de tenis → 7
le **cousin** *el* primo → 1
la **cousine** *la* prima → 1
le **coussin** *el* cojín → 4
le **couteau** *el* cuchillo → 4
coûter costar → 13
les **couverts** *los* cubiertos → 4
la **couverture** *la* manta → 4
le **crabe** *el* cangrejo
le **crachin** *la* llovizna → 8
la **cravate** *la* corbata → 14
le **crayon** *el* lápiz
la **crème** *la* crema
la **crevette** *la* gamba → 10
la **crique** *la* cala → 9
le **crocodile** *el* cocodrilo → 10
croire creer
la **croisière** *el* crucero → 15
cru(e) crudo(a)
les **crudités** *la* verdura
la **cuillère** *la* cuchara → 4
le **cuir** *el* piel → 14
la **cuisine** *la* cocina • **faire la cuisine** cocinar → 7, 18
cuisiner cocinar → 7, 18
le (la) **cuisinier(ère)** *el (la)* cocinero(a) → 2
cuit(e) cocido(a)
la **culotte** *las* bragas Esp → 14
le **cure-dents** *el* palillo de dientes
le **cyclisme** *el* ciclismo → 7

D

d'abord primero
d'accord de acuerdo ; vale

le **daim** *el* ante → 14
la **dame** *la* señora
le **danger** *el* peligro
dangereux(euse) peligroso(a)
dans en ; dentro de
la **danse** *la* danza, *el* baile
danser bailar → 7
le **danseur,** *la* **danseuse** *el* bailarín ; *la* bailarina
la **date** *la* fecha → 1
le **dauphin** *el* delfín → 10
de de
le **début** *el* principio
le **débutant,** *la* **débutante** *el, la* debutante
décoller despegar/aterrizar → 15
découvrir descubrir
décrire describir
décrocher descolgar, coger Esp → 6
dedans dentro
le **degré** *el* grado
dehors fuera
déjà ya
le **déjeuner** *la* comida, *el* almuerzo
déjeuner comer, almorzar → 11
demain mañana → 20
demander ❶ (interroger) preguntar ❷ (argent, aide) pedir
la **demi-heure** *la* media hora → 1
le **dentifrice** *la* pasta de dientes, *el* dentífrico → 4
le (la) **dentiste** *el (la)* dentista
les **dents** *los* dientes → 4
les **départs** *las* salidas → 15
dépenser gastar → 13
depuis desde
dernier(ère) último(a)
le **derrière** *el* trasero → 16
derrière detrás
désagréable desagradable

descendre bajar
le **désert** *el* desierto → 9
désolé(e) lo siento
désordonné(e) desordenado(a) → 1
le **dessert** *el* postre → 18
le **dessin** *el* dibujo → 7
dessiner dibujar
dessous debajo
dessus encima
détester odiar
devant delante de → 21
devenir volverse
devoir tener que
les **devoirs** *los* deberes
• **faire ses devoirs** hacer los deberes
d'habitude de costumbre
la **diarrhée** *la* diarrea → 17
le **dictionnaire** *el* diccionario
le **dieu** *el* dios • **Dieu** Dios
différent(e) diferente
difficile difícil
la **dinde** *el* pavo → 18
le **dindon** *el* pavo → 10
le **dîner** *la* cena → 18
dîner cenar → 11
les **diplômes** *los* títulos → 2
dire decir
directement directamente
la **direction** *la* dirección
discret, discrète callado(a)
disparaître desaparecer
le **disque dur** *el* disco duro → 5
le **distributeur** (d'argent) *el* cajero automático
divorcé(e) divorciado(a)
le **doctorat** *el* doctorado → 3
le **doigt,** *el* dedo → 16
dormir dormir → 11
le **dortoir** *el* dormitorio compartido → 15
le **dos** *la* espalda → 16

la **douche** la ducha → 4, 11
la **douleur** el dolor → 17
doux, douce bueno(a) → 8
le **drap** la sábana
le **drapeau** la bandera
le **droit** el derecho
droit(e) derecho(a) ●
la **droite** la derecha ● **à droite** a la derecha
drôle divertido(a) → 1
dur(e) duro(a)

E

l'**eau** el agua (fém) → 18
échanger cambiar → 13
l'**écharpe** la bufanda → 14
les **échecs** el ajedrez → 7
l'**école** la escuela ; el colegio → 3, 12
écouter escuchar
l'**écran** la pantalla → 5
écrire escribir
l'**écrivain, écrivaine** el escritor ; la escritora
l'**écureuil** la ardilla → 10
effacer borrar, suprimir → 5
l'**église** la iglesia → 12
égoïste egoísta → 1
l'**électricien(enne)** el, la electricista
élégant(e) elegante → 1
l'**éléphant** el elefante → 10
l'**élève** el alumno ; la alumna
l'**e-mail** el correo electrónico, el e-mail → 1, 5
embarquer (dans avion) embarcar → 15
embaucher contratar
embrasser besar
l'**emploi** el empleo
l'**employé(e)** el (la) empleado(a) → 2

l'**employeur** el (la) empresario(a) → 2
en ① (date, durée) en ② (destination) a ③ (matière) de
en bas abajo → 4
l'**en-cas** el tentempié → 18
encore todavía ● **pas encore** todavía no
l'**endroit** el sitio
en face de enfrente de
l'**enfant(e)** el niño/ la niña ● **les enfants** (descendants) los hijos → 1
enfin por fin ; finalmente
en haut arriba → 4
enlever quitarse → 14
en ligne en línea → 5
ennuyeux(euse) aburrido(a) → 1
énorme enorme
l'**enregistrement** ● l'**enregistrement des bagages** la facturación del equipaje
enregistrer ● **enregistrer les bagages** facturar el equipaje → 15
l'**enseignant(e)** el profesor ; la profesora
l'**enseignement** la enseñanza
enseigner enseñar
ensemble juntos(as)
en solde rebajado(a) → 13
ensoleillé(e) soleado(a)
ensuite después
entendre oír
entier(ère) entero(a)
l'**entraîneur(euse)** el (la) entrenador → 7
entre entre
l'**entrée** ① (plat) el entrante, el primer plato ② (dans une maison) la entrada → 4, 18

l'**entreprise** la empresa → 2
entrer entrar
l'**enveloppe** el sobre
envie ● **avoir envie de** tener ganas de
environ aproximadamente
envoyer mandar ● **envoyer un texto** enviar un mensaje de texto → 6
épais(se) grueso → 1
l'**épaule** el hombro → 16
épicé(e) picante → 18
l'**épicerie** la tienda de comestibles ou de ultramarinos → 1
les **épinards** las espinacas
l'**éponge** la esponja → 4
l'**épouse** la mujer, la esposa → 1
l'**époux** el esposo → 1
l'**équipage** el tripulación → 15
l'**équipe** el equipo → 7
l'**équitation** la equitación, la hípica → 7
l'**erreur** el error
l'**Escalator®** las escaleras mecánicas → 13
l'**escale** la escala ● **faire escale** hacer (una) escala en → 15
l'**escalier** la escalera → 4
l'**espace** el espacio
l'**espadon** el pez espada → 18
les **espèces** el dinero en efectivo → 13
espérer esperar
espiègle travieso(a) → 1
essayer ((vêtements) (vêtement) probar
l'**essence** la gasolina
l'**essuie-tout** el papel de cocina → 4
essuyer limpiar
l'**est** el est

l'estomac el estómago → 16
et y
l'étage el piso → 4
l'étagère la estantería → 4
l'étape la etapa → 7
l'état el estado
l'État el estado
éteindre apagar
éternuer estornudar → 17
l'étoile la estrella
étranger(ère) extranjero(a)
être estar medio dormido(a) → 11
les études los estudios
l'étudiant(e) el, la estudiante
étudier estudiar
l'euro el euro → 13
Europe Europa
européen(ne) europeo(a)
eux ellos
l'évier el fregadero → 4
exact(e) exacto(a)
l'examen el examen
expliquer explicar
l'expérience la experiencia
l'exposition la exposición
extérieur ● à l'extérieur fuera
extraverti(e) abierto(a) → 1

F

fâché(e) enfadado(a)
facile fácil
le (la) facteur(trice) el (la) cartero(a) → 2
la facture la factura
la faculté la facultad → 3
faible débil
la faim el hambre ● avoir faim tener hambre
faire hacer
la falaise el acantilado → 9

falloir ❶ (nécessité) hacer falta ❷ (obligation) tener que
la famille la familia
 ● famille d'accueil la familia de acogida → 15
fatigué(e) cansado(a)
la faute el error
le fauteuil el sillón, la butaca → 4
faux, fausse (incorrect) incorrecto(a)
femme mujer → 1, 2
la fenêtre la ventana → 4
le fer à repasser la plancha
la ferme la granja
fermé(e) cerrado(a)
 ● fermer à clé cerrar con llave
fermer cerrar
la fermeture Éclair® la cremallera → 14
le ferry el transbordador, el ferry → 15
la fête la fiesta
le feu el fuego ● feu de signalisation el semáforo → 12
la feuille la hoja → 9
les fèves las habas → 18
fiancé(e) prometido(a) → 1
le fichier el archivo
la fièvre la fiebre → 17
la figue el higo → 18
le filet la red → 7
la fille ❶ (enfant de) la hija ❷ (femme) la chica → 1
le film la película
le fils ❶ (enfant de) el hijo ❷ (homme) el chico → 1
fin(e) fino → 1
finir acabar
le flan el flan → 18
la fleur la flor
le fleuve el río → 9
la flûte la flauta → 7

le foie el hígado → 16
la fois la vez
foncé(e) oscuro(a) → 14
la fontaine la fuente → 12
le foot(ball) el fútbol → 7
le footing el footing → 7
la forêt el bosque → 9
la formation la formación
fort(e) fuerte
les fossettes los hoyuelos → 1
fou, folle loca(a)
la foudre el relámpago → 8
le foulard el fular → 14
le four el horno → 4
la fourchette el tenedor → 4
la fourmi la hormiga → 10
la fourrure la piel → 14
frais, fraîche fresco(a)
la fraise la fresa Esp, la frutilla AMÉR → 18
la framboise la frambuesa → 18
français(e) francés ; francesa
freiner frenar
le frère el hermano → 1
frisé(e) rizado(a) → 1
frit(e) frito(a)
les frites, las patatas Esp • las papas AMÉR fritas → 18
froid(e) frío(a)
le fromage el queso → 18
la frontière la frontera
le fruit la fruta ● le fruit de mer el marisco
fumer fumar

G

gagner ganar → 2, 7
le gant el guante → 14
el garage el garaje → 4

le (la) **garagiste** *el (la)* mecánico(a) → 2
le **garçon** *el* chico → 1
la **gare** *la* estación (ferroviaria ou del tren)
● **gare routière** *la* estación de autobuses → 12
garer ● **se garer** aparcar
le **gâteau** *el* pastel, *la* tarta → 18
gauche ● **à gauche** a la izquierda
le **gazon** *el* césped → 9
le **gel** *la* helada → 8
généreux(euse) generoso(a)
le **genou** *la* rodilla → 16
gentil(le) bueno(a)
le **géranium** *el* geranio → 9
le **gilet** *la* rebeca → 14
la **girafe** *la* jirafa → 10
le **gîte rural** *la* casa rural → 15
la **glace** ❶ (crème glacée) *el* helado ❷ (eau glacée) *el* hielo → 8, 18
le **glaçon** *el* cubito de hielo
le **gobelet** *el* vaso
le **golf** *el* golf → 7
la **gomme** *la* goma
la **gorge** *la* garganta
● **avoir mal à la gorge** tener dolor de gaganta → 16, 17
le **goût** *el* gusto ● **avoir un goût de** saber a
goûter probar → 18
le **goûter** (collation) *la* merienda
la **goutte** *la* gota ● *les* **gouttes** *las* gotas → 17
le **grain de beauté** *el* lunar → 1
la **grammaire** *la* gramática
le **gramme** *el* gramo

grand(e) ❶ grande ❷ (personne) alto(a)
grandir crecer
le **grand magasin** *los* grandes almacenes → 13
la **grand-mère** *la* abuela
le **grand-père** *el* abuelo
les **grands-parents** *los* abuelos → 1
le **gratte-ciel** *el* rascacielos → 12
gratuit(e) gratuito(a), gratis
la **grêle** *el* granizo → 8
le **grenier** *el* desván → 4
la **grenouille** *la* rana → 10
grillé(e) tostado(a)
le **grille-pain** *la* tostadora → 4
griller ❶ (viande) asar ❷ (pain) tostar
la **grippe** *la* gripe → 17
gris grises → 1
gris(e) gris → 14
gros, grosse gordo(a) → 1
grossier(ère) grosero(a)
le **groupe** *el* grupo
le **guide** (livre) *la* guía
le (la) **guide** ((personne)) *el (la)* guía → 15
la **guitare** *la* guitarra → 7
le **gymnase** *el* gimnasio → 7
la **gymnastique** *la* gimnasia → 7

H

habiter vivir en
la **haie** *el* seto → 9
le **hamster** *el* hámster → 10
la **hanche** *la* cadera → 16
handicapé(e) discapacitado(a)
le **hareng** *el* arenque → 18

les **haricots verts** *las* judías verdes → 18
haut(e) alto(a)
l' **hébergement** *el* alojamiento
l' **hélicoptère** *el* helicóptero
l' **herbe** *la* hierba
l' **heure** *la* hora → 20
heureux, heureuse feliz
le **hibou** *el* búho → 10
hier ayer → 20
l' **hirondelle** *la* golondrina → 10
l' **histoire** *la* historia
le **hockey** *el* hockey ● *le* **hockey sur glace** *el* hockey sobre hielo → 7
le **homard** *el* bogavante → 18
l' **homme** hombre ● *l'* **homme d'affaire** *el* hombre de negocios → 1, 2
honnête honrado(a)
l' **hôpital** *el* hospital → 12
l' **horaire** *el* horario
l' **horloge** *el* reloj
lehors-d'œuvre *el* entremés → 18
l' **hôtel** *el* hotel → 12, 15
l' **hôtel de ville** *el* ayuntamiento, *el* consistorio → 12
l' **hôtesse de l'air** *la* azafata → 15
l' **huile** *el* aceite ● *l'* **huile d'olive** *el* aceite de oliva → 18
humide húmedo(a) → 8

I

ici aquí Esp, acá Amér
l' **idée** *la* idea
l' **île** *la* isla → 9

l'**image** la imagen
l'**immeuble** el edificio, el bloque (de pisos) → 12
impatient(e) impaciente
l'**imperméable** el impermeable, el chubasquero → 14
impoli(e) grosero(a)
important(e) importante
impossible imposible
l'**impôt** el impuesto
l'**imprimante** la impresora → 5
imprimer imprimir → 5
l'**incendie** el incendio
l'**infirmier(ère)** el (la) enfermero(a) → 2
l'**infomaticien(enne)** el (la) informático(a) → 2
l'**ingénieur(e)** el (la) ingeniero(a) → 2
inquiet(ète) preocupado(a)
l'**insecte** el insecto
l'**instrument de musique** el instrumento de música
intelligent(e) inteligente ? tonto(a) → 1
intéressant(e) interesante
intérieur ● **à l'intérieur** dentro
l'**internat** el internado → 3
l'**intestin** el intestino
italien(ne) italiano(a)

J K

jaloux, jalouse celoso(a)
jamais nunca, jamás
la **jambe** la pierna → 16
le **jambon** el jamón → 18
le **jardin** el jardín → 4
le **jardinage** la jardinería → 7
le **jardin public** el jardín público → 12

le **jasmin** el jazmín → 9
jaune amarillo(a) → 14
le **jean** los vaquero → 14
jeter tirar
le **jeu** el juego ● le **jeu vidéo** el videojuego ● le **jeu de société** el juego de mesa → 7
jeune joven → 1
le **jogging** el footing → 7
joindre (au téléphone) localizar → 5
joli(e) bonito(a)
le **jouet** el juguete
le (la) **joueur(euse)** el (la) jugador(a) → 7
le **jour** el día → 20
le **journal** el periódico
le (la) **journaliste** el (la) periodista → 2
la **journée** el día → 20
la **jungle** la selva, la jungla
la **jupe** la falda → 14
le **jus** el zumo Esp ou el jugo AMER → 18
jusqu'à hasta
juste ① (exact) exacto(a) ② (équitable) justo(a) ③ (vêtement, chaussure) justo(a)

le **karaté** el kárate, el karate → 7
le **kilo** el kilo
le **kiosque à journaux** el quiosco (de periódicos)
le **kiwi** el kiwi → 18

L

la la
là ① ahí ② (plus près) aquí
là-bas allí Esp, allá AMER
le **lac** el lago → 9

laid(e) feo(a) → 1
la **laine** la lana → 14
laisser dejar
le **lait** la leche → 18
la **laitue** la lechuga → 18
le **lampadaire** la farola → 12
la **lampe** la lámpara → 4
lancer lanzar → 7
la **langouste** la langosta → 18
la **langue** la lengua → 16
le **lapin** el conejo → 10
large ancho(a)
le **lavabo** el lavabo → 4
le **lave-linge** la lavadora → 4
laver lavar
le **lave-vaisselle** el lavavajillas, el lavaplatos → 4
le el
la **leçon** la lección
la **lecture** la lectura → 7
léger(ère) ligero(a)
le **légume** la verdura
lent(e) lento(a)
les **lentilles de contact** las lentes de contacto, los lentillas → 1
les los; las
la **lettre** la carta
le **lever du soleil** el amanecer → 20
les **lèvres** los labios → 16
la **librairie** la librería → 13
libre libre
la **licence** la licenciatura
licencier despedir
le **lierre** la hiedra → 9
le **lieu** el lugar → 1
le **lilas** la lila
la **limonade** la gaseosa → 18
le **lin** el lino → 14
le **linge** la ropa

le **lion** *el* león → 10
liquide (non solide) líquido(a) ● *le* **liquide** *el* dinero en efectivo → 13
lire leer → 7
le **lit** *la* cama → 4
le **livre** *el* libro
le, la **locataire** *el* inquilino, *la* inquilina
la **location** (appartement) *el* piso
le **logement** *el* alojamiento
le **logiciel** *el* programa → 5
loin lejos
les **loisirs** *el* ocio → 7
long, longue largo(a)
longtemps mucho tiempo
la **lotte** *el* rape → 18
louer alquilar ● **à louer** se alquila → 4, 15
le **loup** *el* lobo → 10
lourd(e) ❶ (objet) pesado(a) ❷ (temps) bochornoso(a)
le **loyer** *el* alquiler
lui él
la **lumière** *la* luz
la **lune** *la* luna
les **lunettes** *las* gafas ● *les* **lunettes de soleil** *las* gafas de sol → 1
le **lustre** *la* araña Esp, *el* candil Amér → 4
le **lycée** *el* instituto → 3

M

le **magasin** *la* tienda → 12, 13
maigre flaco(a) → 1
maigrir adelgazar
le **maillot de bain** *el* traje de baño, *el* bañador → 14
la **main** *la* mano → 16
maintenant ahora
mais pero

le **maïs** *el* maíz → 18
la **maison** *la* casa → 4
mal mal
malade enfermo(a)
la **maladie** *la* enfermedad
le **mal de tête** *el* dolor de cabeza → 17
malhonnête deshonesto(a)
la **maman** *la* mamá → 1
la **manche** *la* manga → 14
le **manteau** *el* abrigo → 14
la **mandarine** *la* mandarina → 18
manger comer → 18
la **mangue** *el* mango
le **marchander** regatear → 13
le **marché** *el* mercado → 13
marcher ❶ (à pied) andar ❷ (fonctionner) funcionar
le **mari** *el* marido → 1
le **mariage** ❶ (cérémonie) *la* boda ❷ (institution) (el) matrimonio
marié(e) casado(a) → 1
marron marrón → 1, 14
le **master** *el* máster → 3
le **match** *el* partido ● *le* **match nul** *el* empate → 7
les **mathématiques** *las* matemáticas
la **matière** *la* materia
le **matin** *la* mañana → 20
mauvais(e) malo(a)
mauve malva → 14
la **mayonnaise** *la* mayonesa, *la* mahonesa → 18
méchant(e) malo(a)
le (la) **médecin** *el (la)* médico(a), *el (la)* doctor(a) → 2
le **médicament** *el* medicamento, *la* medicina
meilleur(e) mejor
le **melon** *el* melón → 18

le **membre** (du corps, d'un club) *el* miembro
même (identique) igual
mensuel(le) mensual
le **menton** *los* barbilla, *el* mentón → 16
la **mer** *el* la mar → 9
merci gracias
la **mère** *la* madre → 1
le **métal** *el* metal
la **météo** *el* tiempo
le **métro** *el* metro → 12
mettre ❶ poner ❷ (vêtement) ponerse
le **meuble** *el* mueble → 4
midi *el* mediodía, *las* doce del mediodía → 20
le **miel** *la* miel
mieux mejor
mignon(ne) mono(a)
le **milieu** *el* medio
mince delgado(a) → 1
minuit *la* medianoche, *las* doce de la noche → 20
la **minute** *el* minuto → 20
le **miroir** *el* espejo → 4
la **mi-temps** *el* descanso → 7
la **mode** *la* moda ● **à la mode** de moda → 1
moi yo ● **à moi** mío ; mía
moins menos
le **mois** *el* mes → 20
la **moitié** *la* mitad
le **moment** *el* momento
le **monde** *el* mundo
la **monnaie** ((que l'on rend) *la* vuelta → 13
le **monsieur**, *el* señor → 1
la **montagne** *la* montaña
monter ❶ subir ❷ (dans train, voiture) subirse a
la **montre** *el* reloj → 14
montrer enseñar
le **monument** *el* monumento

la **moquette** la moqueta → 4
le **morceau** el pedazo
mort(e) muerto(a)
la **morue** el bacalao → 18
la **mosquée** la mezquita → 12
le **mot** la palabra • le **mot de passe** la contraseña → 5
le **moteur** el motor
la **moto** la moto(cicleta) → 15
la **mouche** la mosca → 10
la **mouette** la gaviota → 10
mouillé(e) mojado(a)
la **moule** el mejillón → 18
mourir morir
la **moustache** el bigote → 1
le **moustique** el mosquito → 10
la **moutarde** la mostaza → 18
le **mouton** la oveja → 10
moyen(ne) mediano(a)
le **muguet** el muguete
multicolore multicolor
le **mur** la pared → 4
le **musée** el museo → 12
la **musique** la música → 7

N

nager nadar → 7
naître nacer
la **natation** la natación → 7
la **nature** la naturaleza
la **nausée** la náusea → 17
la **navette** (bus) el autobús
nécessaire necesario(a)
la **nectarine** la nectarina → 18
négligé(e) descuidado(a)
la **neige** la nieve → 8
neiger nevar → 8

nettoyer limpiar
neuf, **neuve** nuevo(a)
les **neveux** los sobrinos → 1
le **nez** la nariz → 16
le **niveau** el nivel
noir(e) negro(a) → 1, 14
le **nom** el nombre • le **nom de famille** el apellido → 1
non no
le **nord** el norte
les **nouilles** los fideos → 18
la **nourriture** los alimentos
nouveau, **nouvelle** nuevo(a)
les **nouvelles** las noticias
le **nuage** la nube → 8
nuageux(euse) nublado(a), nuboso(a) → 8
la **nuit** la noche → 20
nulle part ninguna parte
le **numéro** el número • le **numéro de téléphone** el número de teléfono → 1

O

l'**objet** el objeto
l'**occasion** la oportunidad • **d'occasion** de segunda mano
occupé(e) ❶ ocupado(a) ❷ (téléphone) comunicando
odieux(euse) odioso(a) → 1
l'**œil** el ojo → 16
l'**œillet** el clavel → 9
l'**œuf** el huevo → 18
l'**office du tourisme** la oficina de turismo → 12
l'**oie** la oca → 10
l'**oignon** la cebolla → 18
l'**oiseau** el pájaro → 10
l'**olive** la aceituna
l'**olivier** el olivo → 9
l'**ombre** la sombra

l'**omelette** la tortilla → 18
on (nous) nosotros
l'**oncle** el tío → 1
ondulé(e) ondulado(a) → 1
les **ongles** las uñas
l'**opinion** la opinión
l'**or**, l'**or** el oro → 14
l'**orage** la tormenta → 8
orange naranja → 14
l'**orange** la naranja → 18
l'**oranger** el naranjo → 9
l'**orchidée** la orquídea → 9
l'**ordinateur** el ordenador ᴇsᴘ; la computadora ᴀᴍᴇ́ʀ → 5
ordonné(e ordenado(a)
les **ordures** la basura
l'**oreille** la oreja → 16
l'**oreiller** la almohada → 4
l'**orteil** el dedo del pie → 16
ou o
où dónde
oublier ❶ olvidar ❷ (laisser quelque part) dejarse
l'**ouest** el oeste
oui sí
l'**ouragan** el huracán → 8
l'**ours** el oso → 10
ouvert(e) abierto(a) → 13
l'**ouvre-boîte** el abrelatas → 4
l'**ouvrier(ère)** el (la) obrero(a) → 2
ouvrir abrir

P

le **parasol** la sombrilla
la **paella** la paella → 18
la **page** (de livre) la página • **la page Web** la página Web
le **pain** el pan → 18
la **paire** el par → 14
la **paix** la paz

pâle pálido(a)
le palmier la palmera → 9
la palourde la almeja → 18
le pamplemousse el pomelo
le panier la cesta → 13
le panneau de signalisation la señal indicadora → 12
le pantalon los pantalones → 14
le papa el papá → 1
la papeterie la papelería → 13
le papier el papel ● **le papier hygiénique** el papel higiénico → 4
le papillon la mariposa → 10
le paquet-cadeau ● **faire un paquet-cadeau** envolver para regalo → 13
le parapluie el paraguas → 14
le parc el parque → 12
parce que porque
pardon perdón ● **pardon ?** ¿cómo dice?
les parents los padres → 1
paresseux(euse) perezoso(a) → 1
parfois a veces → 21
le parfum ❶ el perfume ❷ (goût) el sabor
le parking el aparcamiento Esp; el parqueadero Amér → 12
parler hablar
parmi entre
le parquet el parqué → 4
la partie ❶ (part) la parte ❷ (jeu) la partida → 7
partir irse → 15
partout en ou por todas partes
pas no

le passage pour piétons el paso (de) cebra ou de peatones → 12
le passeport el pasaporte → 15
passer pasar ● **passer un examen** examinarse → 3, 15
la pastèque la sandía → 18
le pâté de maisons la manzana Esp; la cuadra Amér → 12
les pâtes la pasta → 18
patient(e) paciente → 1
le patinage el patinaje → 7
la patinoire la pista de patinaje → 7
la pâtisserie la pastelería → 13
pauvre pobre
payer pagar → 13
le pays el país → 15
le paysage el paisaje → 15
la peau la piel
la pêche ❶ (fruit) el melocotón Esp, el durazno Amér ❷ (sport) la pesca → 7, 18
le peigne el peine → 4
peindre pintar → 7
le, la peintre el pintor; la pintora
la peinture la pintura → 7
pendant durante
la pension (de famille) el hostal, la pensión → 15
perdre perder → 7
le père el padre → 1
le périphérique el cinturón de ronda → 12
permettre permitir
le permis de conduire el carné de conducir
le perroquet el loro → 10
le persil el perejil

personne nadie
la personne la persona
le personnel el personal, la plantilla → 2
le peso el peso → 13
le pétale el pétalo → 9
petit(e) ❶ pequeño(a) ❷ (taille) bajo(a) → 1, 14
le petit ami,, petite amie el novio; la novia → 1
le petit déjeuner el desayuno ● **prendre le petit déjeuner** desayunar → 11, 18
la petite cuillère la cucharilla → 4
la petite-fille la nieta → 1
le petit-fils el nieto → 1
les petit pois los guisante → 18
les petits-enfants los nietos → 1
peu poco ● **peu de** poco(a)
la peur el miedo
peut-être a lo mejor
la pharmacie la farmacia → 13
la photo la foto
la photocopie la fotocopia
le, la photographe el fotógrafo; la fotógrafa
la photographie la fotografía → 7
le piano el piano → 7
la pièce la habitación, el cuarto → 4
le pied el pie → 16
la pierre la piedra
le pilote el (la) piloto → 15
la pilule la píldora → 17
le piment la guindilla
le pin el pino → 9
le ping-pong el ping-pong → 7
le pinguoin el pinguino
la piscine la piscina → 7

la **piste cyclable** *el* carril bici → 12
le **placard** ❶ *el* armario empotrado ❷ (de cuisine) *el* armario (de cocina) → 4
la **place** ❶ (espace) *el* sitio ❷ (dans une ville) *la* plaza → 12
le **plafond** *el* techo → 4
la **plage** *la* playa → 9
la **plaine** *el* llano, *la* llanura → 9
le **plan** *el* plano
la **planche à voile** (sport) *el* windsurf
la **plante** *la* planta
le **plastique** *el* plástico
le **plat** *el* plato → 18
plat(e) plano(a)
plein(e) lleno(a)
pleuvoir llover
le **plombier** *el (la)* fontanero(a) → 2
la **plongée sous-marine** *el* submarinismo → 7
plonger zambullirse → 7
la **pluie** *la* lluvia → 8
plus más
plusieurs varios(as)
plus tard pronto/más tarde
plutôt más bien
pluvieux(euse) lluvioso(a)
le **pneu** *el* neumático
la **poche** *el* bolsillo → 14
la **poêle** *la* sartén → 4
le **poids** *el* peso → 1
le **poignet** *la* muñeca → 16
point ● **à point** (cuisson) al punto
la **poire** *la* pera → 18
le **poireau** *el* puerro → 18
les **pois chiche** *los* garbanzos → 18
le **poisson** *el* pescado → 10, 18

la **poissonnerie** *la* pescadería → 13
le **poisson rouge** *el* pez de colores → 10
la **poitrine** *el* pecho → 16
le **poivre** *la* pimienta → 18
le **poivron** *el* pimiento → 18
poli(e) educado(a) → 1
la **police** *la* policía
le (la) **policier(ère)** *el (la)* policía → 2
la **pommade** *la* pomada → 17
la **pomme** *la* manzana → 18
la **pomme de terre** *la* patata `Esp.`, *la* papa `Amér` → 18
le **pompier** *el (la)* bombero(a) → 2
le **pont** *el* puente → 12
le **porc** *el* cerdo → 18
le **port** *el* puerto → 12
le **portable** *el* móvil `Esp.`, *el* celular `Amér` → 6
la **porte** *la* puerta → 4
le **portefeuille** *el* billetero → 14
le **porte-monnaie** *el* monedero → 14
porter (vêtement) llevar
le **poste** *el* puesto → 2
la **poste** *el* correo
la **poubelle** *la* basura
la **poule** *la* gallina → 10
le **poulet** *el* pollo → 18
pour para
le **pourboire** *la* propina
pourquoi ¿por qué?
pousser empujar
le **poussin** *el* pollito → 10
pouvoir poder
préférer preferir
prendre coger
le **prénom** *el* nombre → 1
préparer hacer, preparar

près (de) cerca (de)
le, la **président(e)** *el* presidente ; *la* presidenta
presque casi
prêt(e) listo(a)
prêter prestar
le **prix** *el* precio → 13
le **problème** *el* problema
prochain(e) próximo(a)
proche cercano(a)
le **produit** *el* producto
le (la) **professeur(e)** *el (la)* profesor(a) → 2
le **programme** *el* programa
la **promotion** *la* oferta ● **en promotion** en oferta → 13
propre limpio(a)
le, la **propriétaire** *el* proprietario ; *la* proprietaria
la **prune** *la* ciruela → 18
la **publicité** *la* publicidad
le **pull(-over)** *el* suéter, *el* jersey → 14
le **pyjama** *el* pijama → 14

Q

le **quai** (de gare, de métro) *el* andén
quand ¿cuándo?
le **quartier** *el* barrio → 12
quel(le) ¿cuál?
quelque chose algo
quelques algunos(as)
quelqu'un alguien
la **question** *la* pregunta
la **queue** *la* cola ● **faire la queue** hacer cola → 13
qui ¿quién?
quitter dejar
quoi ¿qué?
le **quotidien** (journal) *el* diario

R

raccrocher colgar → 6
la racine la raíz → 9
raconter contar
le radiateur el radiador → 4
la radio la radio
la rafale la ráfaga (de viento) → 8
le ragoût el estofado → 18
raide liso(a) → 1
le raisin la uva → 18
la randonnée el senderismo → 7
rapide rápido(a)
rappeler volver a llamar
la raquette de tennis la raqueta de tenis → 7
rarement raras veces
le rasoir la navaja de afeitar ● **le rasoir électrique** la maquinilla de afeitar → 4
rater (examen) suspender
le rayon (d'un magasin) la sección → 13
la réception la recepción → 15
la recette la receta
recevoir recibir → 6
la recharge (pour téléphone portable) la recarga
recharger recargar
recommander recomendar
recruter contratar → 2
le reçu el ticket de caja → 13
redoubler (une classe) repetir (curso) → 3
le réfectoire el comedor común → 15
le réfrigérateur la nevera → 4
regarder mirar ● **regarder la télévision** ver la televisión → 11

le régime el régimen
la région la región
regretter arrepentirse de
le rein el riñón → 16
la reine la reina
relevé(e) (plat) picante
le renard el zorro → 10
rencontrer (faire la connaissance de) conocer
le rendez-vous la cita ● **donner rendez-vous à quelqu'un** quedar con alguien
rendre devolver → 13
rentrer entrar ● **rentrer à la maison** volver a casa → 11
réparer arreglar
le repas la comida
répéter repetir
le répondeur el contestador (automático) → 4
répondre contestar, responder → 5, 6
la réponse la respuesta
le requin el tiburón
la réservation la reserva [Esp]; la reservación [Amér] → 15
réserver reservar → 15
respirer repirar
ressembler à parecerse a
le restaurant el restaurante
rester ❶ (dans un lieu) quedarse ❷ (subsister) quedar
le retard el retraso
retardé(e) retrasado [Esp] retardado [Amér] → 15
retirer (de l'argent) sacar (dinero) → 13
la retraite la jubilación
la réunion la reunión → 2
réussir (examen) aprobar
le rêve el sueño
le réveil el despertador
revenir volver

la revue la revista
le rez-de-chaussée la planta baja → 4
le rhume el resfriado, el catarro → 17
riche rico(a)
les rideaux las cortinas → 4
rien nada
rire reír; reírse
la rivière el río → 9
le riz el arroz → 18
la robe el vestido → 14
le robinet el grifo → 4
le roi el rey
le roller el patín en línea → 7
le rond-point la glorieta, la rotonda → 12
rose rosa → 14
la rose la rosa → 9
la roue la rueda
rouge rojo(a) → 14
rouler ❶ (à vélo) ir en bicicleta ❷ (à moto) ir en moto → 15
la route la carretera → 12
roux, rousse pelirrojo(a)
la rue la calle → 12
le rugby el rugby → 7

S

le sable la arena
le sac à dos la mochila → 15
le sac à main el bolso → 14
sage bueno(a) → 1
saignant(e) poco hecho(a) → 18
la saison la estación
la salade la ensalada
le salaire el salario, el sueldo
le, la salarié(e) el asalariado; la asalariada
sale sucio(a)

salé(e) salado(a) → 18
la **salle à manger** *el* comedor → 4
la **salle de bains** *el* cuarto de baño → 4, 15
le **salon** *el* salón → 15
le **salon de coiffure** *la* peluquería → 13
salut ¡hola!
s'amuser divertirse → 7
la **sandale** *la* sandalia → 14
le **sandwich** *el* bocadillo → 18
le **sang** *la* sangre
sans sin
la **santé** *la* salud
le **sapin** *el* abeto → 9
la **sardine** *la* sardina → 18
s'asseoir sentarse
la **sauce** *la* salsa → 18
la **saucisse** *la* salchicha → 18
sauf salvo
sauter saltar
sauvage salvaje
sauvegarder guardar → 5
savoir saber
le **savon** *el* jabón → 4
se blesser hacerse una herida
se brosser les dents lavarse los dientes → 11
se brosser les cheveux cepillarse (el pelo) → 11
sec, sèche seco(a) → 8
le **sèche-cheveux** *el* secador (de pelo) → 4
le **sèche-linge** *la* secadora
sécher secar
la **seconde** *el* segundo → 20
se connecter à Internet conectarse a internet → 5
se coucher acostarse
se couper cortarse

secours ● **au secours !** ¡socorro!
le (la) **secrétaire** *el (la)* secretario(a) → 2
se déconnecter desconectarse → 5
se dépêcher darse prisa
se déshabiller desnudarse
séduisant(e) atractivo(a)
la **seiche** *la* sepia → 18
les **seins** *los* senos
le **séjour** *la* estancia → 15
le **sel** *la* sal → 18
se laver lavarse → 11
se lever levantarse → 11
se maquiller maquillarse
s'endormir dormirse → 11
s'ennuyer aburrirse
sentir (odeur) oler
se peigner peinarse → 11
se perdre perderse
se préparer arreglarse
se promener pasearse
se raser afeitarse → 11
se reposer descansar
se réveiller despertarse
le **serpent** *la* serpiente → 10
la **serpillière** *la* bayeta → 4
le (la) **serveur(euse)** *el (la)* camarero(a) → 2
le **service ❶ (faveur)** *el* favor **❷ (au restaurant)** *el* servicio
la **serviette ❶ (de table)** *la* servilleta **❷ (de toilette)** *la* toalla → 4
servir servir
se sentir sentirse
se souvenir de acordarse de
se tromper equivocarse
seul(e) solo(a)
seulement sólo
le **sexe** *el* sexo
s'habiller vestirse → 11, 14

le **shampooing** *el* champú
le **shopping ● faire du shopping** ir de tiendas → 13
le **short** *los* pantalones cortos → 14
si si
le **siècle** *el* siglo → 20
le **siège** *el* asiento → 15
la **sieste** *la* siesta **● faire la sieste** dormir la siesta
signer firmar → 13
silencieux(euse) silencioso(a)
simple simple
le **singe** *el* mono → 10
s'inquiéter preocuparse
le **site** *el* sitio (web) → 5
le **site Web** *el* sitio web → 5
le **ski** *el* esquí → 7
skier esquiar → 7
les **skis** *los* esquíes → 7
le **slip** *los* calzoncillos
le **smoking** *el* smoking → 14
la **société** *la* sociedad
la **sœur** *la* hermana → 1
la **soie** *la* seda → 14
la **soif** *la* sed **● avoir soif** tener sed
le **soir** *la* noche → 20
le **sol** *el* suelo → 8
les **soldes** *las* rebajas → 13
la **sole** *el* lenguado → 18
le **soleil** *el* sol → 8
le **sommeil** *el* sueño **● avoir sommeil** tener sueño
le **son** *el* sonido
la **sonnerie** *el* timbre → 6
la **sortie** *la* salida
sortir salir
la **soucoupe** *el* platillo → 4
souhaiter desear
la **soupe** *la* sopa
le **sourire** *la* sonrisa
la **souris** *el* ratón → 10

sous debajo de
les sous-vêtements la ropa interior
le soutien-gorge el sujetador → 14
le souvenir (mémoire, objet) el recuerdo
souvent a menudo
les spaghettis los espaguetis → 18
le sparadrap el esparadrapo
le spectacle el espectáculo
le sport el deporte
le stade el estadio → 7
le stage las prácticas
le, la stagiaire el becario; la becaria
la station de métro la estación de metro → 12
la station-service la gasolinera
la statue la estatua
le steak el bistec
le steward el auxiliar de vuelo → 15
le store la persiana → 4
le string el ou la tanga → 14
stupide estúpido(a)
le stylo el bolígrafo
le sucre el ou la azúcar → 18
sucré(e) dulce → 18
le sud el sur
suivre seguir ● **faire suivre** reenviar → 5
le supermarché el supermercado → 13
sur en, sobre, encima de
sûr(e) seguro(a)
el surf el surf → 7
surtout sobre todo
le survêtement el chándal → 14
le sweat-shirt la sudadera → 14
sympathique simpático(ca)
la synagogue la sinagoga

T

le tabac el tabaco
la table la mesa ● **la table de chevet** la mesita de noche → 4
la tache la mancha
les taches de rousseur las pecas → 1
la taille la altura → 1
le tailleur el traje → 14
les talons los tacones → 14
la tante la tía → 1
le tapis la alfombra → 4
tard tarde → 20
la tarte la tarta
la tasse la taza → 4
le taureau el toro → 10
le taxi (véhicule) el taxi
la télé ① la televisión **②** (appareil) el televisor → 4, 15
télécharger descargar → 5
le téléphone el teléfono ● **le téléphone portable** el móvil
téléphoner llamar por teléfono
la télévision la televisión
la température la temperatura → 8
la tempête la tormenta
le temps el tiempo → 8
tenir sujetar
le tennis el tenis → 7
terminer terminar; acabar
la Terre la Tierra
la tête la cabeza → 16
le texto el mensaje de texto → 6
le thé el té → 18
le théâtre el teatro → 12
le thon el atún → 18
le ticket el ticket → 13
la tige el tallo → 9

le tigre el tigre → 10
le timbre el sello → 15
timide tímido(a) → 1
le tire-bouchon el sacacorchos → 4
tirer tirar
le tiroir el cajón → 4
le tissu la tela
toi tú
les toilettes el baño
le toit el tejado → 4
la tomate el tomate → 18
tomber caerse
la tong la chancleta → 14
le tonnerre el trueno → 8
le torchon el trapo (de cocina) → 4
la tornade el tornado → 8
tôt temprano → 20
toucher ① tocar **②** (argent) ganar → 2
toujours siempre
la tour (immeuble) el rascacielos → 12
le tourisme el turismo
le (la) touriste el (la) turista
le tournesol el girasol → 9
tous todos
tousser toser
tout todo
tout de suite enseguida
la toux la tos → 17
traduire traducir
le train el tren → 15
le traiteur tienda que vende platos preparados
la tranche (de pain) la rebanada → 18
tranquille tranquilo(a)
le travail el trabajo
travailler ① trabajar **②** (étudier) estudiar → 2, 3
travailleur(euse) trabajador(a) → 1
très muy
triste triste

le tronc *el* tronco → 9
trop demasiado
le trottoir *la* acera → 12
le trou *el* agujero
trouver encontrar
le truc *el* chisme
la truite *la* trucha → 18
le T-shirt *la* camiseta → 14
la tulipe *el* tulipán → 9

U

un, une un ; una
uni(e) liso(a) → 14
l'université *la* universidad → 3, 12
les urgences urgencias
l'usine *la* fábrica
utile útil
utiliser usar

V

les vacances *las* vacaciones
le vaccin *la* vacuna → 17
la vache *la* vaca → 10
la vague *la* ola ● **la vague de chaleur** *la* ola de calor → 8
la vaisselle *la* vajilla ● **faire la vaisselle** lavar *ou* fregar los platos → 4
la valise *la* maleta ● **faire sa valise** hacer la maleta → 15
la vallée *el* valle → 9
valoir valer
variable cambiante, variable → 8

le veau ❶ (animal) *el* ternero ❷ () *la* ternera → 10
le vélo *la* bicicleta → 7, 15
le (la) vendeur(euse) *el (la)* dependiente(a) → 13
vendre vender → 13
venir venir
le vent *el* viento
le ventre *la* barriga, *el* vientre → 16
le verglas *el* hielo → 8
le verre *el* vaso → 4
vers hacia
vert(e) verde → 14
la veste *la* chaqueta → 14
le vestiaire *los* vestuarios → 7
les vêtements *la* ropa
veuf, veuve viudo(a) → 1
la viande *la* carne
la vie *la* vida
vieux, vieille viejo(a) → 1
le village ❶ vacío(a) ❷ *el* pueblo → 12
la ville *la* ciudad → 12
le vin *el* vino → 18
le vinaigre *el* vinagre → 18
la vinaigrette *la* vinagreta → 18
violet(te) morado(a), violeta → 14
le violon *el* violín → 7
le violoncelle *el* violoncelo, *el* violonchelo → 7
le visa *el* visado ESP, *la* visa AMÉR → 15
le visage *la* cara → 16
la visite *la* visita → 15
visiter visitar → 15
vite deprisa
la vitre *el* cristal

la vitrine *el* escaparate ESP, *el* aparador AMÉR → 13
vivant(e) vivo(a)
vivre vivir
la voile *la* vela → 7
voir ver
le (la) voisin(e) *el (la)* vecino(a) → 4
la voiture *el* coche ESP; *el* carro AMÉR → 15
la voix *la* voz
le vol *el* vuelo → 15
le volcan *el* volcán → 9
voler ❶ (oiseau) volar ❷ (argent, objet) robar
le volley(-ball) *el* voleibol, *el* vóleibol → 7
vomir vomitar
vouloir querer
le voyage *el* viaje
voyager viajar → 15
vrai(e) verdadero(a)
vraiment realmente
la vue *la* vista

W Y

le W.-C. *el* váter → 4
le Web *el ou la* web → 5
le week-end *el* fin de semana → 20
le Wi-Fi *el* wifi → 5
le yaourt *el* yogur → 18

Z

le zèbre *la* zebra → 10

Crédits photographiques

© **Fotolia.com :** 2bloid – A.B.G. – Aaron Amat – Abel Tumik – adriano77 – Africa Studio – alejandro dans – Alekss – Alena Yakusheva – Alexander Yakovlev – Alexandra Landa – Alexey Klementiev – ampFotoStudio.com – anankkml – Anatoly Tiplyashin – Andrzej Tokarski – angelo sarnacchiaro – Anna Khomulo – apfelweile – Arrows – arsdigital.de – artjazz – Arturo Limón – Asparuh Stoyanov – austinadams – babimu – badahos – Beata Wojciechowska – Beboy – Bertrand Manière – Beth Van Trees – Bombaert Patrick – Boudikka – Brian Jackson – Bruce Parrott – chiyacat – chris – Clivia – Constantinos – Coprid – cristi180884 – cynoclub – daboost – david hughes – de_marco – Denis Pepin – dim@dim – Dmitriy Melnikov – Dmitry – Dmitry Pichugin – dobrinya – drx – Dumitru Andrei – Duncan Noakes – dutourdumonde – Edyta Pawlowska – Elenathewise – Elnur – emersonkb – emily2k – eovsyannikova – Eric Isselée – ErickN – ettocecco – felinda – Feng Yu – Fotios Karakasis – fotoexodo – FotolEdhar – gemenacom – genialbaron – Gino Santa Maria – GKMF53 – glu – GoodMood Photo – Gordana Sermek – Grafvision – GraphicHead – Gresei – gudrun – gunnar3000 – Henrik Larsson – holiday5554 – iaroslava – igor – Igor Kovalchuk – Igor Syrbu – Ilyes Laszlo – Inna Yakusheva – Ionescu Bogdan – Iosif Szasz-Fabian – Irina Solatges – Isaiah Shook – Ivan Bliznetsov – ivan kmit – jace – Jaimie Duplass – jean song – Jean-Claude Drillon – johanneskr – JohanSwanepoel – Johnny Lye – Joss – Joy Fera – Julián Rovagnati – Juri Samsonov – Justina Lyn – kameel – kapp – karam miri – karandaev – Karen Roach – Kayros Studio – kontur-vid – Koufax73 – lamax – Lasse Kristensen – Leonid Nyshko – Liliia Rudchenko – lily – Ljupco Smokovski – Malena und Philipp K – Marc Dietrich – margouillat photo – Mariano Ruiz – marilyn barbone – Marina Gorskaya – martine wagner – MartinW – matin – matka_Wariatka – Meliha Gojak – Mist – Nadezda Verbenko – nastazia – Nerlich Images – Netfalls – Nicholas Piccillo – Nikola Bilic – Nikolai Sorokin – Nikolai Tsvetkov – Nimbus – nito – NJ – nuttakit – objectsforall – Olga Lyubkin – Olga Sapegina – Olivier Le Moal – olly – Orlando Bellini – paffy – Pakhnyushchyy – Patrice BOUCHER – Patrick Hermans – Paul Moore – Perytskyy – Peter Atkins – photlook – Photodo51 – pics721 – Piotr Przeszlo – Pixlmaker – pressmaster – Rafa Irusta – Rido – robootb – romaneau – Ruslan Kudrin – RUZANNA ARUTYUNYAN – Sahara Nature – Sander – Sandra van der Steen – Sapsiwai – saras66 – Sébastien MIN – seccotine – Sergii Figurnyi – Sergio Matínez – shadowvincent – shiva – .shock – Simon Coste – snaptitude – South12th – Springfield Gallery – ssphotographyinc – StarJumper – steamroller – Stefan Andronache – stéphane jouet – stickmyhome – studiophotopro – Success – Tamara Kulikova – terex – Thomas Brostrom – thongsee – Timonova Ekaterina – Tinka – Tommy Schultz – Tomo Jesenicnik – uckyo – Ulf – utemov – Valeriy Lebedev – Valua Vitaly – vikiri – Vinicius Tupinamba – VL@D – volff – William Wang – windu – withGod – Yasonya – Yong Hian Lim – Yuri Arcurs – zakaz – zirconicusso

Couverture : © Masterfile/RF – Gardes : © Mymonobrow/Getty Images/RF

Imprimé en Espagne par Unigraf, S.L. Mostoles
Dépôt légal : mai 2011 - 306245
11016972 Août 2011

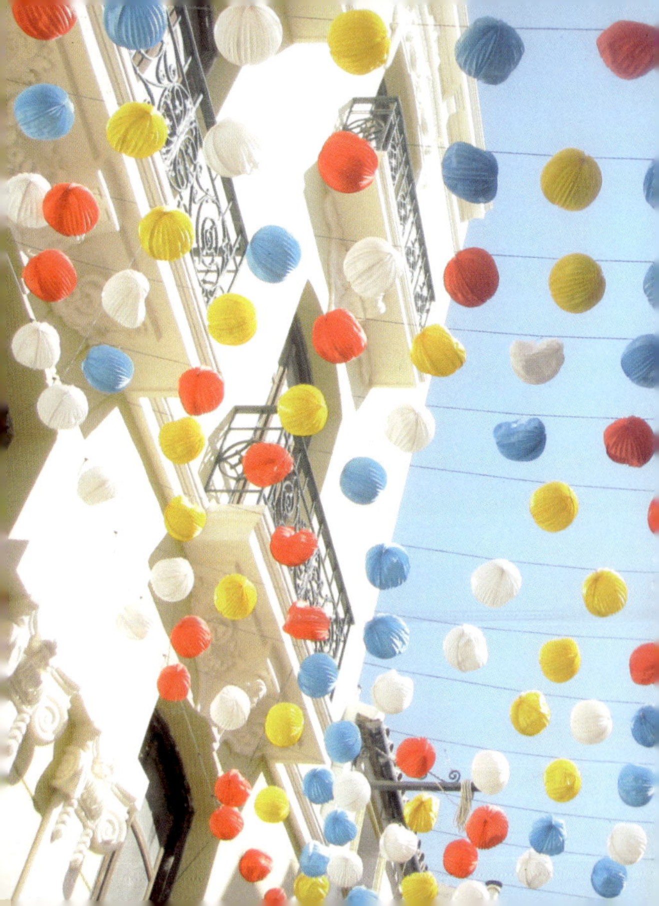